문화문고 023

무경칠서武經七書

사마법 司馬法
울료자 尉繚子
이위공문대 李衛公問對

성백효 역

傳統文化硏究會

무경칠서
문화문고 **사마법 · 울료자 · 이위공문대**

2016년 3월 10일 초판 인쇄
2016년 3월 15일 초판 발행

편   역 성백효
기   획 이계황
편   집 남현희
교   정 하정원 전병수
출   판 김주현
관   리 함명숙
보   급 서원영

발행인 이계황
발행처 (사)전통문화연구회
　서울시 종로구 삼일대로 428 낙원빌딩 411호
　전화 : 02-762-8401 전송 : 02-747-0083
　사이버書堂 : cyberseodang.or.kr
　온라인서점 : book.cyberseodang.or.kr
　전자우편 : juntong@juntong.or.kr
등   록 : 1989. 7. 3. 제1-936호
인쇄처 : 한국법령정보주식회사(02-462-3860)
총   판 : 한국출판협동조합(070-7119-1750)

ISBN 979-11-5794-090-5 04150
　　　978-89-91720-76-3(세트)

정가 10,000원

간행사

본회는 한국고전의 연구와 번역의 선결과제先決課題로, 동양고전의 협동연구번역과 on-off 라인을 통한 교육을 해온 지 20여 년이 되었다. 이는 우리의 역사歷史와 문화文化를 깊이 이해하기 위하여 동양의 역사와 문화를 총체적으로 조명하여야 한다는 취지에서이다.

그런데 동서양 고전에 대해서 그 중요성은 인정하고 있지만, 특히 한국과 동양의 한문고전은 지식인이나 일반인은 물론 전문가조차 해독하기 어려워 일본이나 중국의 번역본을 중역하는 상황이었고, 동양고전은 현대화가 늦어져 이제야 본격적인 작업을 하고 있다.

오늘날 각계의 교류가 긴밀히 이루어지면서 세계가 하나로 되는 상황에 이르러, 우리 국민의 역사·문화 의식이 한국에서 동양으로, 또 세계로 지향해야 하는 시급한 시대가 다가왔다.

그러나 세계로의 지향이 서구화의 다른 이름이고 우리로서는 허상일 수 있음을 주의해야겠지만, 우리와 동양의 자주성과 자존의 아집도 경계하여 새로운 그 무엇을 그려내야 할 것이다. 이를 위해서는 일차적으로 한韓·중中·일日이 삼국양립三國兩立에서 발전하여 삼국정립三國鼎立을 이룸으로써, 치욕의 역사에서 벗어나 안정과 발전의 기반을 마련해야 할 것이다.

본회는 이러한 상황에서 1차적인 준비로 '동양문화총서'를 몇

권 간행한 바 있으나, 이 계획의 충실을 기하기 위해서는 한 손에 는 연구, 다른 한 손에는 보급이라는 과제를 좀 더 확실히 해결하 지 않으면 안 된다. 이러한 문화 보급의 취지에서 앞으로 국민의 전체적인 수준 향상을 위하여 '사서四書'의 문고화를 시작으로, 우 리와 동양에서부터 서양의 고전과 인물과 문화에 관한 '문화문고' 간행의 출발점으로 삼고자 하는 것이다.

대체로 문고는 연구서에 비하면 2차적 작품이므로, 해석과 주 석 등을 본문에 녹여서 중등학생 수준의 독자가 읽어서 이해되도 록 하려고 한다. 그러나 특수한 분야나 전문적인 것도 필요한 것 이다. 또한 시대에 부응하여 편리하며 염가로 읽힐 수 있는 '전자 출판'도 겸행할 예정이다.

구미歐美의 유명한 문고본이 끼친 세계 문화적 영향이나, 이웃 일 본의 교양과 지식이 이와나미문고岩波文庫에서 나왔다는 사실을 기억 해야겠다. 우리나라의 문고본은 그간 부침浮沈이 있었으나, 여러 분 의 서가에도 상당수 있듯이 그 공헌은 인정하지 않을 수 없다.

앞으로 우리는 동양고전의 번역 및 교육사업과 함께 통섭적統攝 的 방법으로, 국가경쟁력을 키우고 문예부흥을 개막하는 계획의 꿈도 이루기 위하여 지혜를 모아 헌신할 것을 다짐하며, 이에 각 계의 관심과 지원을 기대한다.

전통문화연구회 회장 이계황

이 책에 대하여

《사마법司馬法》, 《울료자尉繚子》, 《이위공문대李衛公問對》는 중국 병학사兵學史, 사상사思想史의 주요한 자료들로서 송宋나라 신종神宗 때 《손자孫子》, 《오자吳子》 등과 함께 무경칠서武經七書에 편입되면서 유가儒家의 칠서七書에 비견될 정도로 중시되었다.

그중 《사마법司馬法》은 《손자병법孫子兵法》, 《오기병법吳起兵法》과 함께 중국의 3대 병서兵書라고 불릴 정도로 가장 오래되고 신뢰받아온 병서이다. '사마司馬'는 본래 병사를 총괄하는 직책으로, '사마법司馬法'은 군사軍事와 관련된 법도나 규례를 뜻한다.

병법서로서의 《사마법》은 춘추시대春秋時代 제齊나라 장수 사마양저司馬穰苴가 지은 병법서로 알려졌지만 사실 전국시대 제齊나라 위왕威王(미상~B.C. 320) 때에 왕명으로 편찬한 방대한 양의 병학서兵學書이다. 그 내용은 사마양저의 병법을 포함해 주周나라 건립 이후 춘추전국시대를 거치면서 전수되어 온 군사와 관련된 모든 기술을 집대성

사마양저司馬穰苴

한 것이다. 그러나 이후 대부분의 내용이 산실散失되어 현재는 단지 3,400여 자의 5편 1권의 내용만 전하고 있다.

이 책은 병법서로서 매우 적은 분량이지만 군사 전반에 관한 내용을 두루 포괄하고 있어서 사마천司馬遷(B.C. 145경~B.C. 86경)과 반고班固(32~92), 허신許愼(58경~147경), 정현鄭玄(127~200), 조조曹操(155~220) 등이 자신의 저작에서 《사마법》을 주요 근거로 삼았을 정도로 중시하였다. 특히 사마천은 이 병법서를 직접 읽어보고 '그 이론이 광대하면서도 심원하여 하夏·은殷·주周 삼대三代의 전쟁에서도 그 의의를 제대로 발휘할 수 없었을 것'이라고 극찬하기도 하였다.

이 책은 송대宋代에 무경칠서의 하나로 편입되어 무인武人들의 필독서가 되었고, 우리나라에서도 무과武科의 과목으로 선정되었던 동양의 전통적 병학사상을 대표하는 서적이라 할 수 있다.

《울료자尉繚子》는 총 24편으로 구성된 약 14,000여 자의 적지 않은 분량인데, 저작 연대는 《사마법》, 《손자》, 《오자》 이후, 《육도》, 《삼략》, 《이위공문대》 이전으로, 무경칠서 중 중간시대에 저작된 것이라고 볼 수 있다. 이러한 시대적 특징은 바로 그 내용에도 반영되어 있어, 유가儒家, 묵가墨家, 법가法家, 병가兵家 등 제자백가의 사상을 두루 흡수한 바탕 위에 부국강병富國强兵을 강조한 전국시대 진秦나라 상앙商鞅(미상~B.C. 338)의 학문적 계보를 잇는 한편, 전국시대의 무수한 전쟁을 경험하면서 이룩한 실전적인 전략전술과 치밀한 군제軍制, 엄혹한 훈련과 명령체계 등의 구체적인 내용을 담고 있다. 이 때문에 대체로 《울료자》 전반부에 대해서는 전쟁이란 무력을 통한 해결보다는 백성과 정치를 중요시하는 유가적 사상이 담겨 있다며 긍정적인 평가를 하고, 군령과 제도를 기술한 후반부에 대해서는 가혹하고 비인도적이라는 비판적인 평가를 하고 있다. 그러나 한편으로는 이러한 면모로 인해 《울료자》는 선진先秦시대 병학兵學의 총정리라고 평가받는다.

《울료자직해尉繚子直解》

《이위공문대李衛公問對》는 당唐나라 명장 이정李靖(571~649)이 당태종唐太宗(599~649)과 군사軍事 전반에 걸쳐 토론한 문답問答을 후인後人이 기록한 3권의 병서인데, 《당태종이위공문대唐太宗李衛公問對》, 약칭하여 《당리문대唐李問對》, 《문대問對》로 불리기도 한다. 이정은 수많은 전투를 승리로 이끌어낸 실전과 이론을 겸비한 무장

당 태종唐太宗

이정李靖

으로 존경받았으며, 이 책 또한 기존의 병법 이론을 전쟁 사례에 연결시켜 정밀하게 분석했다는 평가를 받았다.

《이위공문대》는 문답식으로 구성되어 실전과 이론을 아울러 설명하였기에 무인武人들이 이해하기 쉬웠고, 다른 병서가 춘추전국시대를 배경으로 한 반면, 이 책은 송나라와 시대적으로 가까운 당나라 상황을 반영하고 있었기에 막연한 이론서가 아닌 핍진한 실용서로 인식되었을 것이다.

이 책은 《손자》나 《사마법》처럼 중국 고대 병가사상의 원류를 담고 있다고 할 수는 없다. 그러나 당시 용병用兵의 원칙과 군대의 편제, 진법陣法의 실전 응용법, 군사훈련, 변방 통치 방법 등을 연구할 수 있으며, 이전의 병법서에 대한 다양한 평가와 응용 사례를 살펴볼 수 있다는 점에서 중국고대 병학의 수준을 가늠할 만한 주요한 자료라 할 것이다. 특히 첫머리에서 고구려高句麗 정벌 전략을 논하고 있기 때문에 우리에게는 더욱 흥미로운 병서라 할 수 있다.

《사마법》, 《울료자》, 《이위공문대》는 기존의 《손자》나 《오자》 등의 병서에 비해 잘 알려진 병서가 아니어서 중국 고전으로서의 지명도가 떨어지고 따라서 연구도 많지 않았다. 그러나 이 책들이 중국 고전 병서의 사상을 모두 아우르고 이를 실전에 응용했다는 면에서 오히려 고전 병서를 보는 하나의 시각을 제공해준다고 할 수 있다.

또한 이 문고판 '무경칠서' 시리즈를 통해 전쟁 같은 일상을 살아가는 현대인들이 동양 고대 병법에 담긴 사상과 전략을 이해하여 자기계발의 자양분으로 삼을 수 있기를 기대해본다.

일러두기

1. 본서는 동서양東西洋의 중요한 고전古典, 인물人物, 문화文化에 관한 모든 국민의 교양도서로, 미래 한국의 양식良識 기반을 구축하기 위한 문화문고文化文庫이다.

2. 본서는 본회에서 간행한 동양고전역주총서東洋古典譯註叢書의 무경칠서직해武經七書直解 중 《역주譯註 사마법직해司馬法直解》, 《역주譯註 울료자직해尉繚子直解》, 《역주譯註 이위공문대직해李衛公問對直解》의 경문經文 내용을 중등학생 정도면 쉽게 이해할 수 있도록 번역하였다.

3. '尉繚子'는 '위료자'로 읽기도 하나 '울료尉繚'를 관직명이 아닌 인명으로 보아 '울료자'로 표기하였다.

4. 이해가 어려운 부분은 가급적 의역意譯 또는 보충역을 함으로써 주석註釋은 최소화하였다. 간단한 주석은 ( ) 안에, 긴 주석은 해당 장章 아래 *에 달았다.

5. 편명篇名은 원문을 풀어서 현대성을 구현하는 데 노력하였다.

6. 중국 고대 병장기兵仗器와 등장인물 관련 도판圖版 자료를 함께 수록하여 내용 이해를 도왔다.

7. 이 책의 속표지에 사용된 그림은 다음과 같다.

《사마법》:《무예도보통지武藝圖譜通志》소재 마상월도보馬上月刀譜
제8식第八式 '왼쪽으로 돌아보며 한 번 휘두르는 자세〔左顧一揮〕'

《울료자》:《무예도보통지》소재 마상월도보 제10식第十式 '붉은
번개가 빛을 거두는 자세〔紫電收光勢〕'

《이위공문대》:《무예도보통지》소재 마상월도보 제1식第一式 '신
월新月이 하늘로 오르는 자세〔新月上天勢〕'

8. 고유명사 및 주요 어휘는 독자의 이해를 돕기 위하여 한자漢字
를 병기하였다.

9. 본서에 사용된 주요 부호符號는 다음과 같다.

   " " : 대화, 인용

   ' ' : 재인용, 강조

   ( ) : 간단한 주석註釋

     * : 긴 주석

   《 》: 서명書名

   〈 〉: 편장명篇章名, 작품명作品名

   〔 〕: 관용구慣用句, 보충 원문原文

목 차

이위공문대李衛公問對

사마법
司馬法

제1편   정치의 근본 인仁〔仁本〕

'인본仁本'은 인仁을 근본으로 삼는 것이다. 첫머리에 '인본' 두 글자가 있으므로 이를 편명으로 삼은 것이다.

옛날에 인仁을 근본으로 삼고 의義로써 다스리는 것을 '정正'이라 하였다.

정도正道로 다스렸는데도 뜻을 얻지 못하면 권도權道(시의에 적절한 방도)를 쓰니, 권도는 전투에서 나오고 중등 이하의 사람에게서는 나오지 않는다. 이 때문에 사람을 죽여서 사람을 편안히 할 수 있으면 사람을 죽여도 괜찮고, 남의 나라를 공격하여 그 나라의 백성을 사랑할 수 있으면 공격해도 괜찮고, 싸움으로써 싸움을 그치게 할 수 있으면 싸워도 괜찮은 것이다.

그러므로 인이 있으면 사람들이 보고서 친애하고, 의가 있으면 사람들이 보고서 기뻐하고, 지혜가 있으면 보고서 믿고, 용맹이 있으면 보고서 사방에서 귀의하고, 신의가 있으면 보고서 믿는다.

안으로 백성이 군주의 사랑을 받으면 나라를 지킬 수 있고, 밖으로 병사들이 군주의 위엄을 두려워하면 적과 싸울 수 있다.

싸우는 방도는 농사철을 잃지 않게 하며 백성들이 전염병을 앓는 곳을 지나가지 않게 하여야 하니 이는 자기 백성을 사랑하기 위한 것이요, 국상國喪이 있는 나라를 침공하지 않고 흉한 틈을 타지 않아야 하니 이는 적의 백성을 사랑하기 위한 것이요, 겨울과 여름에 군대를 일으키지 않아야 하니 이는 적과 우리의 백성을 두루 사랑하기 위한 것이다.

그러므로 나라가 아무리 크더라도 전쟁을 좋아하면 반드시 망하고, 천하가 비록 편안하더라도 전쟁을 잊으면 반드시 위태로운 것이다.

천하가 평정되면, 천자는 크게 개선가를 불러서 봄에 '수蒐'라는 사냥을 하고 가을에 '선獮'이라는 사냥을 하며, 제후는 봄에 군대를 출동하였다가 정돈하여 돌아오고 가을에 군대를 훈련하니, 이는 전쟁을 잊지 않기 위한 것이다.

옛날에 도망하는 적을 추격할 적에 100보를 넘지 않았으며 퇴군하는 적을 쫓을 적에 90리를 넘지 않았으니 이는 예禮를 밝히는 것이요, 능하지 못한 자를 끝까지 추격하지 않고 부상자와 병든 자를 불쌍히 여겼으니 이는 인仁을 밝히는 것이요, 적이 대열을 이룬 뒤에 북을 쳐 진격하였으니 이는 신信을 밝히는 것이요, 의로움을 다투고 이로움을 다투지 않았으니 이는 의義를 밝히는 것이요, 또 항복한 자를 놓아주었으니 이는 용맹을 밝히는 것이요, 일의 끝을 알고 일의 시작을 알았으니 이는 지智를 밝히는 것이다.

예·인·신·의·용·지 여섯 가지 덕을 가지고 때에 맞추어 병사들을 모아 가르쳐서 민기民紀(백성이 행해야 할 법칙)의 도道로 삼았으니, 이것은 예로부터 시행한 군대의 정사이다.

선왕先王의 다스림은 하늘의 도를 순히 따르고 땅의 마땅함을 베풀며 백성 중에 덕이 있는 사람에게 벼슬을 주어서 관명을 바로 잡고 일을 다스리게 하며, 제후국을 세우고 직책을 분별하여 관작에 따라 녹봉을 나눠주어 제후들이 기뻐하고 해외의 나라들이 와서 복종하며, 송사訟事가 줄어들고 병란이 그치게 하니, 이는 성덕聖德이 지극한 것이다.

그 다음은 현명한 천자가 예악禮樂과 법도를 제정하여 마침내 죄인의 얼굴에 먹물로 글자를 새기고 코를 베고 발뒤꿈치를 베고 생식기를 못쓰게 만들어 죽이는 다섯 가지 형벌을 만들고, 군대를 일으켜서 의롭지 못한 자들을 토벌하고, 제후의 나라를 순수巡狩(천자가 자신의 영토를 순찰함)하여 사방을 살펴보며 제후들을 모아 똑같지 않음을 공功으로써 밝게 시험하여 살폈다.

왕명을 어기고 떳떳함을 어지럽히며 도덕을 위배하고 하늘의 때를 거스르며 공이 있는 제후를 위태롭게 하는 자가 있으면, 제후들에게 두루 고하여 그의 죄를 드러내 밝히고, 이에 황천皇天과 상제上帝, 일월日月과 성신星辰에게 제사하여 고하고 후토后土와 사해의 신기神祇(천신天神과 지기地祇), 산천과 총사冢社(토지신에게 제사지내던 사당, 일명 태사太社)에 기도하며, 이에 선왕의 사당에 나아가 고하니, 그런 뒤에 총재冢宰(육경六卿 중의 가장 높은 관직)가 제후들에게서 군대를 징발하며 말하기를 "모국某國이 무도無道한 일을 자행하여 정벌하노니, 모년某年 모월某月 모일某日에 군대가 모국에 이르러서 천자와 모여 형벌을 가해서 죄를 바로잡는다."라고 한다.

총재가 백관百官과 함께 군중에 명령을 선포하기를 "죄인의 땅에 들어가서 천신天神과 지기地祇를 포악히 대하지 말고 수렵을 행하지 말며, 토목공사를 훼손하지 말고 담장과 지붕에 불을 지르지 말며, 산림의 나무를 베지 말고 가축과 벼와 기장과 민가에서 사용하는 기물을 취하지 말며, 적의 늙은이와 어린이를 보면 상해傷害하지 말고 받들어 돌려보내고, 비록 건장한 자를 만나더라도 그가 다투려 하지 않으면 대적하지 말며, 적이 만약 부상을 당했으면 의약醫藥으로 치료하여 돌려보내라."라고 한다.

죄가 있는 자를 주벌하였으면 왕과 제후가 그 나라의 정사를 닦아 바로잡고, 어진 이를 등용하고 현명한 자를 세워서 그 나라의 직책을 바로잡아 회복하게 한다.

왕자王者와 패자霸者가 제후를 다스리는 것이 여섯 가지이니, 토지를 가지고 제후의 강하고 약함을 드러내며, 정사와 법령을 가지고 제후들을 고르게 다스리며, 예禮와 신信을 가지고 제후들을 친애하며, 재주와 힘이 있는 사람을 가지고 제후들을 설득하며, 지모가 있는 사람을 가지고 제후들이 흩어지지 않게 하며, 병기와 갑옷을 가지고 제후들을 복종시킨다.

환란과 이로움을 함께하여 제후들을 모으며, 작은 나라를 친애하고 큰 나라를 섬겨서 제후들을 화합하게 한다.

법도와 금령禁令으로 제후들을 모으는 것이 아홉 가지이니, 약한 나라를 능멸하고 작은 나라를 침범하면 영지를 삭탈하고, 어진 이를 살해하고 백성을 해치면 정벌하고, 국내의 백성을 학대하고 국외의 백성을 능멸하면 그 군주를 빈터에 가두고, 들이 황폐하고 백성들이 흩어져 도망하면 영토를 삭탈하고 작위를 낮추며, 지형의 험고함을 믿고 복종하지 않으면 침략하고, 친족을 해쳐 죽이면 죄를 다스려 바로잡고, 자기 나라의 군주를 추방하고 시해하면 잔멸殘滅하고, 천자의 명령을 어기고 정사를 능멸하면 이웃나라와의 외교를 막고, 내외가 문란하여 금수禽獸의 행실을 하면 그 나라를 멸망시킨다.

제2편 천자의 도리〔天子之義〕

'천자지의天子之義'는 군주의 도道이다. 군주의 도는 구비하지 않은 것이 없으나 유독 의義를 가지고 말한 것은, 의는 과단果斷을 위주로 하므로《서경書經》에 "의로써 일을 제재한다." 하였다. 군대는 또 일 중에 큰 것이니, 의가 아니면 과단하여 제재하지 못하니, 이 때문에 유독 의를 가지고 말한 것이다. 첫머리에 '천자지의' 네 글자가 있으므로 이를 편명으로 삼은 것이다.

천자의 의義는 반드시 순수하여 천지天地에서 법을 취하되 선성 先聖의 자취를 관찰하여 본받으며, 사서인士庶人(사대부와 일반 백성) 의 의는 반드시 부모를 받들고 군주와 상관에게서 모범을 취한다. 그러므로 비록 현명한 군주가 있더라도 사士를 미리 가르치지 않으면 쓸 수 없는 것이다.

옛날 백성을 가르칠 적에 반드시 귀천貴賤의 질서와 떳떳한 제도를 세워서 서로 능멸하지 않게 하였으며, 덕의德義를 소유한 자가 서로 분수를 넘지 않으며 재주와 기예를 소유한 자가 서로 엄폐하지 않으며 용력勇力을 소유한 자가 서로 범하지 않게 하였다. 그러므로 향하는 바에 마음이 같고 뜻이 화합하였다.

옛날에 국도國都의 용모와 예법으로는 군대에 들어가지 않고, 군대의 용모와 예법으로는 국도에 들어가지 않았으니, 그러므로 덕의를 소유한 자가 서로 분수를 넘지 않는 것이다.

윗사람은 공과 재능을 자랑하지 않는 선비를 귀하게 여겨야 하니, 자신의 공과 재능을 자랑하지 않는 선비는 윗사람의 기용器用(중요한 쓰임)이다. 선비가 만일 자랑하지 않으면 야망野望이 없고 야망이 없으면 다투지 아니하여, 국도에서 다스릴 적에 반드시 그 실정을 알고, 군대에서 다스릴 적에 반드시 그 마땅함을 얻는다. 그러므로 재능과 기예를 소유한 자를 다 들어 쓸 수 있는 것이다.

병사가 명령을 따르면 그에게 최고의 상을 주고, 명령을 어기면 그에게 최고의 벌을 내린다. 그러므로 용력을 소유한 자가 서로 범하지 않다.

백성들을 지극히 가르친 뒤에 삼가 신중히 선발하여 부리니, 일이 지극히 닦이면 백관百官이 넉넉하고, 가르침이 지극히 살펴지면 백성들이 선량한 마음을 흥기興起하고, 습관이 이루어지면 백성들이 풍속을 몸소 실천하니, 교화가 지극한 것이다.

옛날에 도망하는 적을 추격할 적에 멀리 쫓아가지 않고, 고삐를 잡고 후퇴하는 적을 따라잡지 않았으니, 멀리 쫓아가지 않으면 쉽게 유인당하지 않고, 따라잡지 않으면 쉽게 함정에 빠지지 않는다.

예禮로써 견고하게 지키고 인仁으로써 싸워 승리하며, 이미 승리한 뒤에는 교화를 다시 쓸 수 있기 때문에 군자가 교화를 귀하게 여기는 것이다.

유우씨有虞氏(순舜임금)는 국도에서 경계하였으니, 백성들이 명령을 몸소 익히게 하려고 한 것이요, 하후씨夏后氏(우禹임금의 후손)는 군중軍中에서 맹세하였으니, 백성들이 일에 앞서 사려를 이루게 하려고 한 것이요, 은殷나라는 군문軍門의 밖에서 맹세하였으니, 백성들이 미리 용감한 뜻을 다스려서 일을 대비하게 하려고 한 것이요, 주周나라는 적과 칼날을 교차하려 할 적에 맹세하였으니, 백성들이 필사의 각오를 바치게 하려고 한 것이다.

하후씨는 덕을 바르게 하고 군대의 병기를 쓰지 않았으므로 병기를 뒤섞어 쓰지 않았고, 은나라는 의義를 주장하였으니 처음으로 병기를 사용하였고, 주나라는 무력을 주장하였으니 병기를 모두 사용하였다.

하나라는 조정에서 상賞을 주었으니 선인善人을 귀하게 여긴 것이요, 은나라는 시장에서 죄인을 죽였으니 선하지 못한 자를 두렵게 한 것이요, 주나라는 조정에서 상을 주고 시장에서 죄인을 죽였으니 군자를 권면하고 소인을 두려워하게 한 것이다. 하·은·주 세 나라의 우왕禹王, 탕왕湯王, 문왕文王(B.C. 1152~B.C. 1056)·무왕武王(B.C. 1087경~B.C. 1043경)이 그 덕을 밝힘은 똑같다.

병기를 뒤섞어 쓰지 않으면 이롭지 못하니, 긴 병기로써 호위하고 짧은 병기로써 지킨다. 병기가 너무 길면 적을 범하기 어렵고 너무 짧으면 적에게 미치지 못하며, 너무 가벼우면 빨라지니 빠르면 혼란해지기 쉽고 너무 무거우면 둔해지니 둔하면 일을 이루지 못한다.

융거戎車(전차)는, 하후씨는 '구거鉤車'라 하였으니 바르게 나아가도록 선도한 것이요, 은나라는 '인거寅車'라 하였으니 빠르게 나아가도록 선도한 것이요, 주나라는 '원융元戎'이라 하였으니 양호하게 작전이 진행되도록 선도한 것이다.

원융元戎

기旒는, 하후씨는 윗부분을 검게 하였으니 사람의 형세를 본뜬 것이요, 은나라는 백색을 사용하였으니 하늘의 뜻을 형상한 것이요, 주나라는 황색을 사용하였으니 땅의 도를 형상한 것이다.

휘장은, 하후씨는 해와 달을 사용하였으니 밝음을 숭상한 것이요, 은나라는 범을 사용하였으니 위엄을 숭상한 것이요, 주나라는 용을 사용하였으니 문채를 숭상한 것이다.

군대가 위엄을 너무 숭상하면 병사들의 마음이 위축되고, 군대

기旂

가 위엄이 너무 없으면 병사들을 통제하지 못한다.

윗사람이 병사를 부릴 적에 마땅함에 부합하게 하지 못하면 병사들이 적절한 차례를 얻지 못하고 기용技用이 이롭게 쓰이지 못하고 소와 말을 적절하게 부리지 못하며, 유사有司(관리)가 병사들을 능멸하는 것을 위엄이 많다고 하니, 위엄이 많으면 병사들이 위축된다.

윗사람이 덕을 높이지 않고 간사하거나 사특한 자에게 맡기며, 도를 높이지 않고 용력이 있는 자에게 맡기며, 명령을 따르는 자를 귀하게 여기지 않고 명령을 범하는 자를 귀하게 여기며, 선행을 귀하게 여기지 않고 폭행을 귀하게 여기며, 병사들이 유사有司를 능멸하는 것을 위엄이 적다고 하니, 위엄이 적으면 병사들을 통제하지 못한다.

군대는 느림을 위주하니, 느리면 군사들의 힘이 충분해진다. 비록 전투가 벌어져 병기가 교차되고 칼날이 부딪치더라도 보병이 급히 달려가지 않고 수레가 치달리지 않으며, 도망하는 적을 추격할 적에 항렬을 넘지 않는다. 이 때문에 혼란하지 않은 것이다.

군대의 견고함을 유지하는 방도는 항렬의 명령을 잃지 않게 하고 사람과 말의 힘을 끊기지 않게 하며, 혹은 느리고 혹은 빨리하여 장수의 경계하는 명령을 넘지 않게 하는 것이다.

옛날에 국도國都의 용모와 예법(조정의 겸손하고 온화한 모습)으로는 군대에 들어가지 않고, 군대의 용모와 예법(군중의 위엄있는 모습)으로는 국도에 들어가지 않았으니, 군대의 용모로 국도에 들어가면 백성(병사)들의 덕이 폐해지고, 국도의 용모로 군대에 들어가면 백성들의 덕이 약해진다.

그러므로 국도에 있을 적에는 말이 문채 나고 말소리가 온화하며, 조정에 있을 적에는 공손함으로 사양하고 몸을 닦아 남을 대하며, 군주가 부르지 않으면 가지 않고 군주가 묻지 않으면 말하지 않아서 나아가는 것을 어렵게 여기고 물러가는 것을 쉽게 여기는 것이다.

군중에 있을 적에는 말을 크게 하고 꼿꼿하게 서며, 항렬에 있을 적에는 달려가서 과감히 결단하며, 갑옷을 입은 자는 절하지 않고 병거兵車(전차)에서는 경례하지 않으며, 성 위에서는 달려가지 않고 위태로운 일을 만나면 이를 드러내어 웃지 않는다. 그러므로 예와 법은 겉과 속이요 문文과 무武는 왼쪽과 오른쪽이니, 국도에 있을 적에는 예와 문을 숭상하고 군중에 있을 적에는 법과 무를 숭상하는 것이다.

옛날에 현명한 왕은 백성들의 덕을 밝히고 백성들 중에 선한 자를 다 등용하였다. 그러므로 버려진 덕이 없고 특별히 선발할 백성이 없었으며, 상을 쓸 곳이 없고 벌을 시험할 곳이 없었다. 유우

씨有虞氏는 상을 주지 않고 벌을 주지 않았는데도 백성들을 쓸 수 있었으니 지극한 덕이요, 하나라는 상을 주고 벌을 주지 않았으니 지극한 가르침이요, 은나라는 벌을 주고 상을 주지 않았으니 지극히 위엄스러운 것이요, 주나라는 상과 벌을 사용하였으니 덕이 쇠한 것이다.

포상할 적에 때를 넘기지 않는 것은 백성들이 선善을 행한 이로움을 속히 얻게 하려고 해서요, 벌을 줄 적에 대열을 옮기지 않고 즉석에서 처벌하는 것은 백성들이 불선不善을 행한 해로움을 속히 보게 하려고 해서이다.

큰 승리에는 상을 주지 않아서 윗사람과 아랫사람이 모두 자신의 공을 자랑하지 않게 하여야 하니, 윗사람이 만약 자신의 공을 자랑하지 않으면 교만하지 않고, 아랫사람이 만약 자신의 공을 자랑하지 않으면 그 공을 독차지하지 아니하여 반드시 피아彼我의 구별이 없게 될 것이다. 윗사람과 아랫사람이 자신의 공을 자랑하지 않음이 이와 같다면 겸양함이 지극한 것이다.

큰 패전에는 벌을 주지 아니하여 윗사람과 아랫사람이 모두 자신에게 잘못이 있다고 여기게 해야 하니, 윗사람이 만약 잘못이 자신에게 있다고 여기면 반드시 자신의 잘못을 뉘우칠 것이요, 아랫사람이 만약 잘못이 자신에게 있다고 여기면 반드시 죄를 멀리할 것이니, 윗사람과 아랫사람이 잘못을 분담함이 이와 같다면 겸양함이 지극한 것이다.

옛날에 변경을 수비하는 병사를 3년 동안 다시 군적軍籍에 올리

지 않은 것은 백성들의 수고로움을 보아서이니, 윗사람과 아랫사
람이 서로 보답함이 이와 같다면 화합함이 지극한 것이다.

　승리하여 뜻을 얻으면 개선가를 부름은 기쁨을 보이는 것이요,
문왕文王이 지은 영대靈臺는 백성들의 수고로움에 보답한 것이니
휴식을 보이는 것이다.

제3편 군사軍事의 요체 〔定爵〕

'작爵'은 공公과 경卿과 대부大夫와 여러 집사執事들의 관작이다. 관작이 정해지면 윗사람과 아랫사람이 분수가 있어 혼란하지 않으니, 첫머리에 '정작定爵' 두 글자가 있으므로 이를 편명으로 삼은 것이다. 이 편에는 뜻을 이해할 수 없는 부분이 많다.

　무릇 전쟁을 할 때에는 관작과 지위를 정하고 공과 죄를 드러내며 유세遊說하는 선비를 거두어 등용하고 가르침과 명령을 거듭 밝히며, 사람들에게 의견을 묻고 기술이 있는 자를 찾으며, 생각을 사방으로 하고 사람들의 심정을 다하며, 혐의를 분별하고 의심스러움을 미루어 밝히며, 힘을 기르고 공교한 능력이 있는 자를 발굴하며, 인심의 움직임을 따라야 한다.

　무릇 전쟁을 할 때에는 사람들의 마음을 견고히 하고 지리地利를 살펴보며, 혼란함을 다스려서 나아가고 멈추는 절도를 알게 하며, 바름에 복종하고 염치를 이루며, 법을 간략하게 하고 벌을 줄여야 한다.

　죄가 비록 작더라도 죄를 지은 자를 죽이면 작은 죄를 제압할 수 있고 큰 죄도 따라서 제압할 수 있다.

　하늘의 때를 순히 하고 재물을 풍족하게 하고 사람들의 마음을 기쁘게 하고 지형을 이용하고 병기의 활용을 돕는 것, 이것을 일

러 '다섯 가지 생각'이라 하니, 하늘의 때
를 순히 함은 사시四時를 받드는 것이요,
재물을 풍족하게 함은 적의 양식을 이용
하는 것이요, 사람들의 마음을 기쁘게
함은 사람들의 마음을 힘써 순하게 따르
는 것이요, 지형을 이용함은 좁은 곳과
험한 곳과 막힌 곳을 지키는 것이요, 병
기의 활용을 도움은 활과 화살로 방어하
고 날 없는 창[殳]과 세모진 창[矛]으로
수비하며 평두창[戈]과 세 갈래진 창[戟]
으로 돕는 것이다.

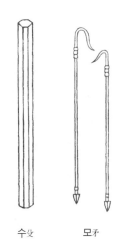

수殳   모矛

무릇 다섯 가지 병기를 다섯 가지 용
도에 합당하게 사용하여 긴 병기로써 짧
은 병기를 호위하고 짧은 병기로써 긴
병기를 구원하여야 한다.

과戈

군대는 번갈아 싸우면 오래 싸울 수
있고, 모두 다 나가 싸우면 강해질 수 있
다. 적의 일을 보고 똑같이 할 것을 생각
하는 것을 '양자가 서로 버틴다.'라고 한
다. 장수는 무리를 굳게 지켜 병사들이
힘써 따르게 하고, 적의 허실을 보아 출
동해야 한다.

극戟

장수의 마음도 마음이고 병사들의 마음도 마음이니 위아래가 마음을 함께해야 한다. 말과 소, 수레와 병기, 편안함과 배부름은 힘이다. 교육과 훈련은 미리 해야 하고, 전투는 절도에 맞아야 한다.

장군은 비유하면 몸이고, 병졸은 비유하면 사지四肢이고, 오伍는 비유하면 손가락이다.

무릇 전쟁은 임기응변을 사용하고 전투는 용맹함으로 적에게 달려들고, 진陣은 공교로움으로 승리를 취하는 것이다.

병사들이 바라는 것을 따르고, 병사들이 행할 수 있는 것을 행하고, 병사들이 바라지 않고 행할 수 없는 것을 버려야 하니, 적에게는 이와 반대로 하게 해야 한다.

무릇 싸움에는 천시天時를 소유하고 재물을 소유하고 선善(대의 명분)을 소유해야 하니, 전쟁할 시일을 바꾸지 않고 거북점에 승리할 조짐이 나타나고 행하는 일을 은미하게 하는 것을 '천시를 소유한다.' 하고, 재물이 있어야 비로소 사람(병사)들을 소유한 것이 되어서 이로 인하여 아름다움이 생기는 것을 '재물을 소유한다.' 하고, 사람들이 진을 치고 싸우는 이로움을 익혀서 물자와 인력을 다하여 대비하는 것을 '선을 소유했다.'라고 한다.

사람들이 서로 힘써 임무를 맡게 해야 하니, 이를 '기꺼이 싸우는 사람이다.'라고 한다.

대군이면 견고하게 지키고 힘이 많으면 진법을 번거로울 정도로 되풀이하여 익히고, 일을 맡아 다스릴 수 있는 재주를 가진 자를 선발하고, 사물을 보고 즉각적으로 대응하게 해야 하니, 이를

'대비를 갖춘다.'라고 한다.

경무장한 전차와 보병으로 하여금 활과 화살을 가지고 굳게 방어하게 하는 것을 '군대의 전력을 극대화한다.'라 하고, 치밀하고 조용하여 안에 힘이 많은 것을 '진영을 견고하게 지킨다.'라 하고, 이 법을 따라 나아가고 물러가는 것을 '힘이 많다.'라 하고, 윗사람이 한가한 틈을 타서 병사들을 교육하고 훈련하는 것을 '진법을 번거로울 정도로 되풀이하여 익힌다.'라 하고, 일을 맡을 수 있는 것을 '일을 감당할 수 있다.'라 한다. 이로 인하여 여러 가지 일을 분별하는 것을 '다스릴 수 있는 사람을 선발한다.'라 하고, 병력에 맞추어 땅을 이용하고, 적의 상황에 따라 진을 치고, 기다리면서 공격하고 싸우고 수비하며, 나아가고 후퇴하고 멈추며, 앞뒤가 질서가 있고 전차와 보병이 이어지는 것을 '싸움에 임하여 자세히 살핀다.'라고 하는 것이다.

아랫사람이 마음으로 복종하지 않고 명령을 믿지 않고 화합하지 않으며, 태만하고 의심하고 싫어하고 두려워하며, 버티고 굽히고 번거롭고 방종하며, 무너지고 느슨한 것을 '전쟁의 환해患害'라 하고, 매우 교만하고 몹시 두려워하며 신음하고 한탄하며 근심하고 염려하며 일마다 번번이 후회하는 것을 '훼손되어 상하는 것'이라 하고, 군대의 기세를 크게도 하고 작게도 하며 전법을 강하게도 하고 유순하게도 사용하며 편제는 세 명으로 구성하기도 하고 다섯 명으로 구성하기도 하며 병력을 많이 쓰기도 하고 적게 쓰기도 하여, 모두 두 가지로 하는 것을 '전투에서의 임기응변'이라 한다.

모든 전쟁에는 첩자를 이용하여 먼 곳을 엿보고 가까운 곳을 관찰하며, 천시를 이용하고 재물을 이용하며, 신상필벌信賞必罰을 귀하게 여기고 의심스러움을 제거한다.

군대의 사기를 진작시킬 적에는 의로움으로써 해야 하고, 일을 할 적에는 시기에 맞춰야 하고, 사람을 부릴 적에는 은혜로써 해야 한다.

적을 보았을 적에는 조용히 대기하고, 혼란함을 보았을 적에는 여유롭게 대처하고, 위태로움과 어려움을 보았을 적에는 병사들을 잊지 말아야 한다.

국도國都에 있을 적에는 은혜롭고 미덥게 하며, 군중에 있을 적에는 너그럽고 무용武勇이 있게 하며, 교전할 적에는 과감하고 민첩해야 한다.

국도에 있을 적에는 온화하고, 군중에 있을 적에는 법을 지키고, 교전할 적에는 밝게 살펴야 한다.

국도에 있을 적에는 우호를 보이고, 군중에 있을 적에는 방향을 보이고, 교전할 적에는 신실함을 보여야 한다.

무릇 포진할 적에는 항렬을 듬성하게 하고, 전투할 적에는 항렬을 빽빽하게 하고, 병기는 여러 가지를 뒤섞어 사용해야 한다.

병사들에게 돈후敦厚함과 고요함을 가르쳐야 비로소 다스려지고, 위엄은 밝게 드러나야 이롭다.

상하가 서로 의리를 지키면 사람들이 권면되고, 장수가 도모하고 생각함에 성취가 많으면 사람들이 복종한다. 당시 사람들이 마음으로 복종하면 위계位階가 서고, 깃발의 색깔이 분명하면 눈이 밝아지고, 상부의 계책이 정해지면 의지가 이에 강해진다.

전진하고 후퇴함에 의혹함이 없어야 하니, 적을 보고서 계책이 없으면 그 일을 자세히 들어서 벌을 내려야 한다. 명칭을 속이지 말고 깃발을 바꾸지 말아야 한다.

모든 일에 선善을 따르면 장구長久하고, 옛것을 이용하면 잘 시행되며, 맹세하고 사기를 진작시켜 밝히면 병사들이 마침내 강해지니, 위태로움과 요상함을 없애야 한다.

위태로움과 요상함을 없애는 방도는 첫 번째는 의리로 제재함이니, 신의를 베풀어 지킬 바를 알게 하고 강한 기세로 임하여 왕자王者의 기업基業을 이루고 천하의 형세를 통일하여 사람마다 기뻐하지 않는 이가 없는 것을 '사람을 겸하여 사용한다.'고 한다.

또 하나는 권변權變이니, 적이 교만하여 자만심이 넘치도록 유도하고 적이 좋아하는 것을 빼앗으며, 우리는 외부에서 공격하고 첩자는 내부에서 도모하게 해야 한다.

첫 번째 인재人才, 두 번째 정도正道, 세 번째 외교문서, 네 번째 공교한 기예, 다섯 번째 화공火攻, 여섯 번째 수리水利, 일곱 번째 치병治兵(병력 운용)을 '일곱 가지 정사'라고 한다.

영화와 이로움, 치욕과 죽음을 '네 가지 지킴'이라고 한다.

남의 얼굴빛을 포용하고 자신의 위엄을 쌓음은 상대방의 뜻을 고치려는 데 지나지 않으니, 무릇 이것이 위태로움과 요상함을 없애는 방도이다.

오직 인자仁者여야 친애함이 있으니, 인仁만 있고 신信이 없으면 도리어 자기 몸을 패망하게 한다.

사람을 올바로 쓰고, 바로잡아야 할 것을 바로잡고, 외교문서를 수려하게 작성하고, 불태울 것을 불태워야 한다.

무릇 전쟁하는 방도는 장병들의 사기를 진작시키고서 상벌의 정사를 펴며, 온화한 안색으로 용서하고 따뜻한 말로써 인도하며, 두려워하는 마음을 이용하여 경계하고, 병사들이 원하는 마음을 이용하여 일을 시키며, 적의 경내에 들어가 적의 땅을 제압하고는 직책으로써 명해야 하니, 이것을 '전법戰法'이라 한다.

사람의 지혜롭고 용맹하고 탐욕스럽고 어리석음은 여러 사람들 가운데에서 찾아야 하니, 명칭과 행실이 걸맞으면 반드시 선한 점을 가려 행하게 해야 한다.

만약 명령을 시행하는데도 행해지지 않으면 장수가 몸소 솔선해야 하고, 만약 명령을 시행하여 행해지면 인하여 잊지 말게 해서 세 번 명령하여 법을 이룬 뒤에야 그만둔다.

사람이 살아가면서 마땅히 해야 할 것을 '법'이라 한다.

무릇 혼란함을 다스리는 방도는 첫 번째는 인仁이요, 두 번째는 신信이요, 세 번째는 직直(정직)이요, 네 번째는 일一(한결같음)이요, 다섯 번째는 의義(마땅함)요, 여섯 번째는 변變(권변)이요, 일곱 번째는 전專(전일함)이다.

법을 확립함은 첫 번째는 포용하여 받아들임이요, 두 번째는 법령을 밝힘이요, 세 번째는 확고하게 지킴이요, 네 번째는 신속함이요, 다섯 번째는 군복을 법도에 맞게 입히는 것이요, 여섯 번째는 복식의 색깔로 차등하는 것이요, 일곱 번째는 백관들이 지나친 복장이 없게 하는 것이다.

무릇 군대는 법령이 장수에게서 나와야 하니 이를 '전專'이라 하고, 윗사람이 아랫사람과 더불어 법령을 두려워해야 하니 이를 '법法'이라 한다.

장수가 군중에서 작은 말을 듣지 않으면 전투에서 작은 이로움이 없으니, 날마다 성취하고 미묘하게 행하는 것을 '도道'라 한다.

무릇 전투는 정도正道가 행해질 수 없으면 장수가 일을 마음대로 행해야 하고, 아랫사람들이 복종하지 않으면 장수가 법령을 적용해야 하고, 서로 믿지 않으면 장수가 성실함을 보여주어야 한다.

만약 장병들이 태만하면 진작시키고, 의심하면 변경하고, 아랫사람들이 윗사람을 믿지 않으면 명령을 번복하지 않아야 하니, 이것이 예로부터 행해온 군대의 정사이다.

제4편 기강紀綱의 확립〔嚴位〕

'엄위嚴位'는 병사들의 위치를 엄정히 하는 것이다. 첫머리에 '위욕엄位欲嚴' 세 자가 있으므로 '엄위'를 편명으로 삼은 것이다. 이 편 안에도 빠진 글과 오자가 많다.

무릇 진을 치고 싸우는 방도는, 병사들의 위치는 엄정해야 하고, 정사는 엄격해야 하고, 힘은 경쾌해야 하고, 기운은 익숙해야 하고, 마음은 전일해야 한다.

진을 치고 싸우는 방도는 도의가 있는 사람에게 임무를 차등하여 맡기고, 졸오卒伍의 장長을 세우고, 항렬의 위치를 정하고, 종횡의 방향을 바로잡고, 명名과 실實을 살피는 것이다.

서서 나아갈 적에는 몸을 구부리고 앉아서 나아갈 적에는 무릎을 꿇으며, 병사들이 두려워하면 진영의 간격을 좁히고 위태로우면 무릎을 꿇고 앉게 한다.

적이 멀리 있는 것을 보여주면 병사들이 두려워하지 않고, 가까이 있는 것을 보여주지 않으면 병사들이 흩어지지 않는다.

병사들의 위치는 아래에 있는 사람들을 좌·우를 나누고, 아래에 있는 병사들이 갑옷을 입고 앉아서 맹세하였으면 천천히 행군한다.

모든 병사들의 위치는 보병이 갑옷을 다 입었으면 임무의 경중

輕重을 저울질하여 기병을 출동시키고, 갑옷을 입은 보병으로 하여금 고함치게 하되 두려워하면 항오의 간격을 좁혀 안정시킨다.

병사들이 무릎을 꿇고 앉아 몸을 숙여 무릎 꿇고 기어가면 장수가 너그럽게 타일러 훈계하며, 병사들이 일어나 함성을 지르면서 북을 쳐 전진하면 방울을 울려 행군을 멈추게 한다. 나뭇가지를 입에 물고 맹세하며 마른 양식을 먹을 적에는 쭈그려 앉게 하고, 상황을 보고할 때에는 무릎으로 기어가 전달하게 한다.

적을 잡아 죽일 적에 병사들이 머리를 돌리는 것을 금하며, 함성을 질러 먼저 기선을 제압해야 한다. 만약 사로잡은 적이 너무 두려워하면 죽이지 말고 온화한 안색을 보여주며, 살려줄 방도를 말해주고 그가 예전에 맡았던 직책을 다시 보살피게 해야 한다.

무릇 삼군은 한 사람을 징계할 때에는 반나절 동안 하고, 한 사람을 감금할 때에는 한 번 쉴 동안을 넘지 않으며, 음식의 반만 나누어주어서는 안 된다. 적이 막 의혹하기 시작할 적에는 군대를 거느려 굴복시킬 수 있다.

모든 전투는 힘으로 지구전을 하고 기운으로 승리하며, 견고함으로써 오랫동안 버티고 위태로움으로써 승리하니, 본심을 지키면 견고하고 새로운 기운을 진작시키면 승리하며, 갑주甲冑로 견고하게 하고 병기로 이긴다.

무릇 전차는 밀집함으로써 견고하고, 보병은 앉음으로써 견고하고, 갑옷은 무거움으로써 견고하고, 병기는 가벼움으로써 승리한다.

병사들이 사기가 진작되어 승리할 마음이 있으면 적의 허실虛實을 살펴보고, 병사들이 적을 두려워하는 마음이 있으면 무엇을 두려워하는지를 살펴보아야 한다.

승리하려는 마음과 두려워하는 마음 두 가지가 서로 정해지면 두 가지 이익이 한결같고, 두 가지를 잘 수행하려면 오직 권변權變으로써 병사들의 마음을 살펴보아야 한다.

무릇 전투는 경무장한 군대를 데리고 경지輕地(적의 땅에 깊이 들어가지 않는 것)에 들어가면 위태롭고, 중무장한 군대를 데리고 중지重地(적의 땅에 깊이 들어가 적의 성읍을 뒤에 둔 것)에 들어가면 공이 없으며, 경무장한 군대를 데리고 중지에 들어가면 패하고, 중무장한 군대를 데리고 경지에 들어가면 싸움을 잘한다. 그러므로 싸움은 서로 경중에 맞게 해야 한다.

머물러 있을 적에는 병기와 갑옷을 정성스레 정비하고, 행군할 적에는 항렬을 신중히 편성하고, 싸울 적에는 멈추고 나아감을 삼가야 한다.

모든 전투는 조심하면 만족스럽고, 솔선하면 아랫사람들이 복종하며, 윗사람이 명령을 번거롭게 내리면 아랫사람들이 명령을 가볍게 여기고, 윗사람이 명령을 여유롭게 내리면 아랫사람들이 명령을 소중하게 여긴다.

달려가라는 북소리는 경쾌하고 서서히 가라는 북소리는 무거우며, 병사들의 군복 색깔이 가벼우면 병사들이 가볍게 보이고 군복 색깔이 아름다우면 병사들이 중후하게 보인다.

무릇 말[馬]이 건장하고 수레가 견고하고 갑옷이 단단하고 병기가 예리하면, 경무장한 군대가 비로소 중지에 들어갈 수 있다.

윗사람이 아첨하면 아랫사람의 인심을 얻지 못하고, 윗사람이 제멋대로 행동하면 아랫사람 중에 죽는 자가 많으며, 윗사람이 살려고 하면 과감하지 못하여 의심이 많고, 윗사람이 지모가 없고 용맹만 있어 죽으려 하면 이기지 못한다.

모든 사람들은 사랑에 죽고 노여움에 죽고 위엄에 죽고 의리에 죽고 이익에 죽는다.

모든 전투하는 방도는, 교령敎令으로 약속하면 병사들이 죽는 것을 가볍게 여기고, 도의道義로 약속하면 병사들이 정도正道에 죽는다.

모든 전투에 임할 때에는 승리할 기운을 순히 따라 싸우고 승리할 수 없는 기운을 순히 따라 수비하며, 천시天時와 인사人事를 순히 따라야 한다.

모든 전투에 삼군의 경계는 3일을 넘지 않고, 1졸卒(병졸 100명 또는 수레 30승)의 경계는 반나절을 넘지 않고, 한 사람의 금령은 순식간을 넘지 말아야 한다.

무릇 최고로 좋은 것은 본本을 사용하는 것이고 그 다음은 말末을 사용하는 것이니, 모략으로 지키고 미묘함으로 지켜서 본과 말을 임기응변하여 알맞게 쓰는 것이 전투이다.

무릇 삼군을 승리하게 하는 것은 장수 한 사람의 결단에 달려 있다.

모든 북소리에는 깃발을 잡은 병사에게 신호하는 북소리가 있고, 전차병에게 신호하는 북소리가 있고, 기병에게 신호하는 북소리가 있고, 보병에게 신호하는 북소리가 있으며, 병기를 정돈하라는 신호의 북소리가 있고, 머리를 돌리라는 신호의 북소리가 있고, 발을 움직이라는 신호의 북소리가 있으니, 일곱 가지 북소리가 일제히 울리면 달려가 싸운다.

모든 전투는 견고하면 신중히 지키지 말고 경쾌하게 나가 싸워야 하며, 중무장한 군대는 진격하면 다 출동하지 말아야 하니 다 출동하면 위태롭다.

무릇 전투는 진을 치는 것이 어려운 것이 아니라 병사들로 하여금 진을 제대로 칠 수 있게 하는 것이 어려우며, 병사들로 하여금 진을 제대로 칠 수 있게 하는 것이 어려운 것이 아니라 전쟁에 병사들을 사용하여 싸우게 하는 것이 어려운 것이다. 그리고 이것을 아는 것이 어려운 것이 아니라 실행하는 것이 어려운 것이다.

사람은 방위(지역)에 따라 성질이 있으니, 성질은 주州마다 다르나 가르치면 아름다운 풍속을 이루고, 풍속은 주마다 다르나 도의로 교화하면 아름다운 풍속을 이룬다.

모든 군대는 병력이 많든 적든 승리하든 승리하지 못하든, 병기는 예리함을 말하지 않고 갑옷은 견고함을 말하지 않고 수레는 튼튼함을 말하지 않고 말[馬]은 좋음을 말하지 아니하여 병사들이 스스로 자랑하지 않게 해야 하니, 이와 반대로 하는 것은 아랫사람의 도리가 아니다.

무릇 전투에는 승리하면 장병들과 공을 나누고, 만약 다시 싸우게 되면 상벌을 무겁게 내린다.

만약 싸워 승리하지 못하면 잘못을 남에게 전가하지 말고 장수가 자신에게 책임을 돌려야 하며, 다시 싸우게 되면 맹세하고서 자신이 앞 열에 있되 앞서의 방법을 쓰지 말아야 한다. 승리하든 승리하지 못하든 이 방법을 위반하지 말아야 하니, 이것을 '바른 법칙'이라 한다.

무릇 병사들은 인仁으로써 구원하고 의義로써 격동하여 싸우고 지智로써 결단하고 용勇으로써 솔선하여 싸우고 신信으로써 전일하며, 이利로써 권면하고 공功으로써 승리한다. 그러므로 마음이 인에 맞고 행실이 의에 맞는 것이니, 사물의 옳고 그름을 구별할 수 있는 것은 지혜요, 큰일을 감당할 수 있는 것은 용맹이요, 오랫동안 지구전을 할 수 있는 것은 믿음이 있기 때문이다.

사양하고 온화하면 사람들이 저절로 융화된다. 장수 자신이 이치를 따르지 않았음을 스스로 인정하면 아랫사람들이 어짊을 다투어 훌륭한 일을 해서, 사람들이 마음에 기뻐하여 자기 힘을 바치게 된다.

무릇 전투할 적에는 미약하면서 고요한 적을 공격하고 강하면서 고요한 적을 피하며, 멀리 와서 지쳐 있는 적을 공격하고 훈련이 잘 되어 경쾌하게 움직이는 적을 피하며, 우리를 두려워하는 적을 공격하고 삼가는 적을 피해야 하니, 이것이 예로부터 행해온 군대의 정사이다.

제5편 병력의 운용 〔用衆〕

'용중用衆'은 병력을 사용하여 싸우는 것이다. 첫머리에 '용중'
두 글자가 있으므로 이를 편명으로 삼은 것이다.

무릇 진을 치고 싸우는 방도는, 적은 병력을 사용할 적에는 진
영을 견고히 하고 많은 병력을 사용할 적에는 진영을 정돈되게 하
며, 병력이 적을 적에는 자주 변화함이 이롭고 병력이 많을 적에
는 정병正兵을 사용함이 이롭다.

많은 병력을 사용할 적에는 나아가고 그침을 알아야 하고, 적은
병력을 사용할 적에는 전진하고 후퇴함을 알아야 한다.

많은 병력으로 적의 적은 병력과 싸울 적에는 멀리 포위하되,
한 면에 허술한 곳을 남겨두어야 한다.

만약 병력을 나누어 번갈아 공격하게 하면 이는 적은 병력으로
적의 많은 병력을 상대하는 것이니, 이때 우리 장병들이 의심하면
스스로 권모를 써야 한다.

적이 이익만을 다투고자 하면, 깃발을 버리고 도망가는 척하다
가 추격해오는 적을 맞이하여 반격해야 한다.

적이 만약 병력이 많으면 적의 병력이 얼마나 되는가를 살펴보
아 포위를 당한 상태에서의 작전을 구상하며, 적이 만약 병력이
적고 조심하면 물러나 길을 열어주어 유리한 때를 엿보아야 한다.

무릇 전투할 적에는 바람을 등지고 높은 산을 등지며, 높은 산을 오른쪽에 두고 험한 수택水澤(물이 질퍽하게 괸 넓은 땅)을 왼쪽에 두며, 늪지대와 땅이 견고하지 못하여 무너지는 지역을 빨리 지나가고 거북이 등 모양의 지형에 주둔해야 한다.

적의 진영이 설치되었으면 적의 동작이 어떠한가를 관찰하고 적의 허실을 살펴보아 출동하여야 한다. 적이 만약 우리를 기다리고 있으면 적의 의도에 따라 북을 쳐 전진시키지 말고, 적의 동작을 기다려서 적이 공격해오면 군대를 주둔하고 살펴야 한다.

병력의 많고 적음으로써 적이 어떻게 변동하는가를 관찰하고, 전진하고 후퇴함으로써 적이 견고하게 수비하는가를 관찰하며, 위태롭게 하여 적이 두려워하는지를 관찰하고, 고요히 하여 적이 나태한지를 관찰하며, 계략으로 움직여서 적이 의혹하는 바를 관찰하고, 습격하여 적의 군대가 다스려졌는지의 여부를 관찰하여야 한다.

적이 의혹을 품으면 공격하고 창졸간에 공격해온 적에게는 반격을 가하며, 적의 힘이 쇠하도록 만들고 바르게 정돈된 적진을 기습 공격해야 한다.

적의 대비하지 않은 틈을 이용하며, 적의 도모를 저지하고 적의 지모를 빼앗으며, 적이 두려워함을 틈타야 한다.

무릇 도망하는 적을 추격할 적에는 그치지 말되, 적이 혹 도로에서 멈추고 있으면 적의 복병을 염려하여야 한다.

무릇 적의 도성에 가까이 진격할 적에는 반드시 전진할 길을 마런해두어야 하고, 후퇴할 적에도 반드시 돌아갈 대책을 마련해두어야 한다.

무릇 전투는 먼저 출동하면 병사들이 피폐해지고 늦게 출동하면 병사들이 두려워하며, 휴식하면 태만해지고 휴식하지 않으면 피폐해지며 오랫동안 휴식하면 병사들이 도리어 두려워한다.

친족과의 서신書信을 끊는 것을 '돌아보는 생각을 끊는다.'라고 하며, 훌륭한 인재를 선발하여 병력을 편제하는 것을 '우리의 강함을 더한다.'고 하며, 짐을 버리고 먹을 것을 조금만 가지고 가는 것을 '사람의 전투할 마음을 열어놓는다.'고 하니, 이는 예로부터 행해온 군대의 정사이다.

울료자
尉繚子

제1편 천시天時와 전쟁〔天官〕

'천관天官'은 시일時日의 간지干支에 고허孤虛(일진日辰에 기운이 완전하지 않음)와 왕상旺相(기운이 왕성하고 딴 기운의 도와줌이 있음)의 일을 논한 것이니, 바로 병가兵家의 음양서陰陽書이다. 이 가운데에 '천관' 두 글자가 있기 때문에 취하여 편명을 삼은 것이다. 《천관서天官書》는 살펴보건대 《자치통감강목집람資治通鑑綱目集覽》에 한무제漢武帝 원봉元封 2년(B.C. 109)의 덕성德星의 아래에 인용하기를 "《천관서》에 '경성景星은 덕성德星이다.' 했다." 하였으니, 이것이 또한 증거이다.

양 혜왕梁惠王(B.C. 400~B.C. 334)이 울료자에게 물었다.

"황제黃帝의 형벌과 덕으로 백 번 승리할 수 있다고 하니, 이러한 것이 있는가?"

울료자가 대답하였다.

"형벌로써 정벌하고 덕으로써 지키는 것은 이른바 천관의 시일과 음양의 향배向背

황제黃帝

라는 것이 아니니, 황제는 사람의 일을 하였을 뿐입니다. 어째서이겠습니까? 지금 한 성城이 있는데, 동쪽과 서쪽에서 공격하여도 함락하지 못하고, 남쪽과 북쪽에서 공격하여도 함락하지 못하니, 사방에서 어찌 좋은 시운을 순히 타는 자가 없겠습니까.

그러나 성을 점령하지 못하는 것은, 성이 높고 해자가 깊으며 병기가 구비되고 재물과 곡식이 많이 저축되어 있으며, 호걸스러운 선비가 한결같이 도모하기 때문입니다.

만약 성이 낮고 해자가 얕고 수비가 약하면 점령당하게 되니, 이것을 가지고 살펴보건대, 천관의 시일은 사람의 일처럼 중요하지 못합니다.

《천관서天官書》에 이르기를 '배수진背水陣(물을 등지고 적과 싸움)을 절기絕紀라 하고 향판진向阪陣(낮은 곳에서 높은 곳의 적을 공격함)을 폐군廢軍이라 한다.' 하였으나, 주 무왕周武王이 은殷나라의 주왕紂王(미상~B.C. 1046)을 정벌할 적에 제수濟水를 등 뒤에 두고 산판山阪(산비탈)을 향해 진을 쳐서 2만 2천 5백 명을 가지고 주왕의 억만 대군을 공격하여 은나라를 멸망시켰으니, 어찌 주왕이 천관의 진을 얻지 못해서이겠습니까.

초楚나라 장수인 공자公子 심心이 제齊나라와 싸울 적에, 당시 혜성彗星이 출현하여 혜성의 자루가 제나라에 있자, 혜성의 자루가 있는 곳이 승리한다 하여 사람들이 '제나라를 공격해서는 안 된다.'고 하였습니다. 그러자 공자 심은 말하기를 '혜성이 무엇을 알겠는가. 빗자루를 가지고 싸우는 자는 진실로 빗자루를 거꾸로 잡아 공격하여야 승리한다.' 하고는, 다음 날 제나라와 싸워 제나라를 대파하였습니다. 황제가 말하기를 '신神과 귀鬼에 앞서서 먼저 나의 지혜로 헤아린다.' 하였으니, 천관은 사람의 일을 말한 것일 뿐입니다."

제2편 치병治兵에 대한 담론〔兵談〕

'병담兵談'이란 치병하는 방법을 담론한 것이니, 편 가운데의 글 뜻을 취하여 편명으로 삼은 것이다.

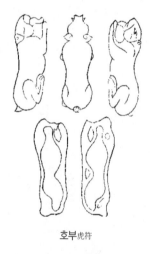

호부虎符

토지의 비옥하고 척박함을 헤아려 성읍을 세우니, 성읍을 세울 적에는 땅에 맞추고, 성의 넓이는 백성의 수에 맞추고, 백성은 곡식의 양에 맞춘다. 그래서 세 가지가 꼭 맞으면 안으로는 굳게 수비할 수 있고, 밖으로는 싸워서 승리할 수 있는 것이다. 이는 밖에서는 싸워서 이기고 안에서는 수비를 잘하여, 승리와 수비를 서로

활용하는 것이 부절符節을 합한 것과 같아 다름이 없기 때문이다.

군대를 다스리는 것은 형체가 없어서 땅속에 깊이 감춘 듯하고 하늘에 아득히 숨겨놓은 듯하다. 마치 물건이 무형에서 생기는 것과 같아서 열어놓으면 커도 경박하지 않고 작아도 넓어지지 않으니, 금하고 용서하고 열어주고 막는 이치에 밝아서 유랑하는 백성들을 친애하여 어루만지고 제대로 경작되지 못한 농지를 유능한

농부에게 맡기는 것이다.

넓은 토지를 유능한 농부에게 맡기면 나라가 부유해지고, 많은 백성을 잘 통제하면 나라가 다스려진다. 부유하고 다스려진 나라는, 백성(병사)들이 출정하기 위해 수레바퀴를 고여 놓은 나무를 빼지 않고 갑옷을 꺼내어 햇볕에 말리지 않더라도 위엄으로 천하를 제재할 수 있다. 그러므로 말하기를 "군대가 조정에서 승리한다."라고 한 것이다.

갑옷을 꺼내어 햇볕에 말리지 않고서도 승리하는 것은 군주가 승리하는 것이요, 진을 치고서 승리하는 것은 장수가 승리하는 것이다.

군대를 일으킴은 한 때의 분노로써 할 수 있는 것이 아니니, 승리가 보이면 군대를 일으키고, 승리가 보이지 않으면 중지하여야 한다.

환난患難이 백 리의 안에 있으면 하루를 기다리지 않고, 환난이 천 리의 안에 있으면 한 달을 기다리지 않고, 환난이 사해의 안에 있으면 1년을 기다리지 않는다. 즉 군대를 신속히 출동하면 적이 미처 대비하지 못하여 기회를 탈 수 있다.

장수는 위로는 하늘로부터 제재를 받지 않고 아래로는 땅으로부터 제재를 받지 않고 중간으로는 군주로부터 제재를 받지 않으며, 성품이 너그러워서 격동시켜 노하게 할 수 없고, 청백淸白하여 재물로 유혹할 수 없어야 한다.

마음이 어지럽고 귀가 먹고 눈이 멀어서, 이 세 가지의 어그러짐을 가지고 남을 통솔하는 자는 어려움을 당한다.

군대가 이르는 곳에는 양羊의 창자처럼 지형이 꼬불꼬불한 데에서도 승리하고 톱니처럼 울퉁불퉁한 데에서도 승리하며, 산을 기어 올라가도 승리하고 골짝으로 들어가도 승리하며, 방형方形의 진으로도 승리하고 원형圓形의 진으로도 승리하는 것이다.

중병重兵(중무장한 병력)은 산과 숲처럼 느리고 장강長江과 대하大河처럼 성대하며, 경병輕兵(경무장한 병력)은 불로 태우고 불로 지지는 것처럼 신속하고 담장으로 누르고 구름으로 뒤덮는 것처럼 피할 수 없게 하여, 적으로 하여금 모이면 흩어질 수 없고 흩어지면 모일 수 없게 하며, 왼쪽은 오른쪽을 마음대로 구원하지 못하고 오른쪽은 왼쪽을 마음대로 구원하지 못하게 하는 것이다.

군대는 그 형세가 나무로 만든 쇠뇌를 잡고 있는 것과 같고 양뿔 모양의 회오리바람과 같아서, 사람마다 모두 뛰어오르고 대담하여 의심스러운 생각을 끊어버리고 당당하게 결단하여 가야 한다.

제3편 군대의 제도에 대한 담론 〔制談〕

'제담制談'이란 군대의 제도를 담론한 것이니, 글의 뜻을 취하여 편명으로 삼은 것이다.

모든 군대는 반드시 제도를 먼저 정해야 하니, 제도가 먼저 정해지면 병사들이 혼란하지 않고, 병사들이 혼란하지 않으면 형벌을 밝힐 수 있다. 징과 북으로 지시하면 백 사람이 모두 싸우고, 적의 행렬을 무찌르고 적의 진영을 어지럽게 하면 천 사람이 모두 싸우고, 적군을 전복시키고 적장을 죽게 하면 만 사람이 힘을 함께하여, 천하의 그 누구도 그 싸움을 당해낼 수 없다.

옛날 사졸士卒은 십什과(10명) 오伍(5명)가 있고 전차는 편偏과 열列이 있었으니, 북을 울리고 깃발로 지휘함에 적의 성에 먼저 올라가는 자는 일찍이 용기와 힘이 뛰어난 국사國士 아닌 이가 없었고, 앞장서서 출전하였다가 죽는 자 또한 모두 용기와 힘이 뛰어난 국사였다. 적 한 명을 손상시키고자 우리 백 명을 손상시킨다면, 이는 적을 이롭게 하고 우리에게 크게 손해를 끼치는 것인데, 세상의 장수들이 이것을 금지하지 못한다.

병사들을 징발하여 군대에 배치하였는데 도망하여 집으로 돌아가거나 혹은 싸움에 임하여 스스로 후퇴하면, 도망으로 인한 손상이 심한데, 세상의 장수들이 이것을 금지하지 못한다.

100보步 밖에서 적을 죽이는 것은 활과 화살이요, 50보 안에서 적을 죽이는 것은 세모진 창〔矛〕과 갈래진 창〔戟〕이다.

장수가 북을 치며 진격을 명하는데도 병사들이 서로 시끄럽게 떠들면서 화살을 꺾고 세모진 창을 부러뜨리고 갈래진 창을 버리고서 뒤늦게 출발하는 것을 이롭게 여긴다. 전투에서 이 몇 가지가 있으면 안에서 스스로 무너뜨리는 것인데, 세상의 장수들이 이것을 금지하지 못한다.

병사들이 십과 오를 잃고 전차가 편과 열을 잃으며, 기병奇兵(매복하여 기습하는 유격 부대)들이 장수를 버리고 도망하면 대군 또한 도망하게 되는데, 세상의 장수들이 이것을 금지하지 못한다.

장수가 이 네 가지를 제대로 금지할 수 있으면 높은 산을 올라가고 깊은 물을 건너가 견고한 적진을 침범할 수 있으며, 이 네 가지를 금지하지 못하면 배와 노가 없이 강하를 건너가려는 것과 같아서, 적진을 침범하여 승리할 수 없다.

병사들이 죽는 것을 좋아하고 사는 것을 싫어해서가 아니라, 호령이 분명하고 법제가 치밀하기 때문에 병사들로 하여금 전진하게 할 수 있는 것이며, 앞에서 상을 분명히 내리고 뒤에서 형벌을 반드시 시행하기 때문에 출발하면 이로운 시기에 맞출 수 있고 출동하면 공이 있는 것이다.

병사 백 명으로 하여금 한 졸卒이 되게 하고, 천 명에 한 사마司馬를 두고, 만 명에 한 장수를 세우면, 적은 병력으로써 많은 적을 주벌誅伐하고 약한 군대로써 강한 적을 주벌할 수 있다. 군주가 한 번 내가 말한 이 방법을 따른다면 삼군의 무리를 결사적으로 싸우는 한 명처럼 움직이게 만들 수 있다. 한 사람을 주벌함에도 마땅함을 잃지 않게 된다면 아버지라도 감히 자식을 놓아주지 못하고 자식이라도 감히 아버지를 놓아주지 못할 것이니, 하물며 일반 사람들에게는 어떠하겠는가.

한 무부武夫가 검劍을 가지고 시장에서 공격하면 시장 사람 만 명이 모두 피하는 것은, 내가 생각하건대 그 한 사람만 홀로 용감하고 만 명이 모두 못나서가 아니다. 어째서인가? 한 사람은 죽기를 각오하고 나머지 사람들은 살기를 도모하기 때문이다.

나의 방법을 따른다면, 충분히 삼군三軍의 무리로 하여금 결사적으로 싸우는 한 명의 적이 되게 하여, 아무도 감히 그 앞을 가로막지 못하고 아무도 감히 그 뒤를 따르지 못하여, 능히 홀로 나가고 홀로 들어올 수 있으니, 군세軍勢가 강성하여 홀로 나가고 홀로 들어올 수 있는 것은 왕자王者와 패자霸者의 군대이다.

10만의 무리를 거느리고서 천하에 맞설 자가 없게 한 사람은 누구인가? 제 환공齊桓公(B.C. 716~B.C. 643)이다.

7만의 무리를 거느리고서 천하에 맞설 자가 없게 한 사람은 누구인가? 오기吳起(미상~B.C. 381)이다.

3만의 무리를 거느리고서 천하에 맞설 자가 없게 한 사람은 누구인가? 손무자孫武子이다.

지금 천하에 명성이 있는 장수들이 통솔하는 병력은 20만의 무리에 이르지 않는 경우가 없다. 그러나 공명을 이루지 못하는 것은, 간사한 마음을 금하고 작은 허물을 용서하고 살길을 열어주고 나쁜 풍습을 막는 제도에 밝지 못해서이다. 이러한 제도에 밝아서 한 사람이 승리하면 열 사람이 또한 승리하고, 열 사람이 승리하면 백 사람과 천 사람과 만 사람이 또한 승리하게 되는 것이다.

그러므로 병법에 말하기를 "우리의 병기를 편리하게 하고 우리 병사들의 무용武勇을 길러서 발동하기를 사나운 새가 공격하는 것처럼 하고 물이 천 길의 계곡을 달려가는 것처럼 한다." 하였다.

지금 나라들이 환난을 입는 까닭은, 많은 폐백을 가지고 외국에 사절을 파견하고 사랑하는 자식을 인질로 보내고 국경에 있는 땅을 할양割讓하여 천하의 원조하는 군대를 얻어 이름은 10만 대군이라 하나, 그 실제는 수만에 불과하기 때문이다.

군대를 파견하는 자들이 모두 장수에게 이르기를 "남의 아래가 되지 말고 먼저 싸우라."고 하는데, 그 실제는 싸울 수가 없는 것이다.

우리 경내의 백성을 헤아려서 제대로 대오를 만들지 못하면 군대를 바로잡을 수가 없다. 10만의 병력을 통제해서 왕이 병사들에게 왕의 옷을 입히고 왕의 음식을 먹이더라도, 싸워서 승리하지 못하고 수비를 견고히 하지 못하는 것은 우리 병사들의 죄가 아니요, 안에서 스스로 이렇게 만든 것이다.

천하의 여러 나라가 군대를 파견하여 우리를 도와 적과 싸우는 것은, 마치 적이 좋은 기마驥馬와 녹이騄駬라는 준마가 질주하듯 급히 공격할 적에, 여러 나라의 군대는 노둔한 말이 갈기를 일으키고서 각축角逐하는 것처럼 느슨히 도우니, 어떻게 우리 군대의 사기士氣를 북돋울 수 있겠는가.

내가 천하의 재용財用을 우리의 재용으로 삼고, 천하의 제도를 우리의 제도로 삼아서 나의 호령을 닦고 나의 형벌과 상을 분명히 시행하여, 농사가 아니면 먹거리를 얻을 수 없고 전투가 아니면 벼슬을 얻을 수 없게 해서, 백성들로 하여금 팔뚝을 걷어붙이고 다투어 나가 농사짓고 전투하게 하면 천하에 대적할 자가 없을 것이다.

그러므로 말하기를 "호령을 내면 믿음이 나라 안에 행해져야 한다." 한 것이니, 백성의 말 중에 '적을 이길 수 있는 좋은 계책이 있다.'고 하면 빈말로 흘려버리지 말고, 반드시 실제로 싸울 수 있는가를 시험하여야 한다.

적의 영토를 차지하고 적의 백성을 나누어 다스리려면 반드시 조정에 현자賢者가 있어야 한다. 조정에 현자가 없는데도 천하를 소유하고자 하면 반드시 군대는 파멸되고 장수는 죽을 것이다. 이와 같으면 비록 싸워서 승리하더라도 나라는 더욱 약해지고, 영토를 얻더라도 나라는 더욱 가난해지니, 이는 국내의 제도가 피폐해졌기 때문이다.

제4편 전투의 위엄〔戰威〕

'전위戰威'는 전투의 위엄을 논한 것이니, 전투에 위엄이 없으면 어떻게 승리할 수 있겠는가. 그러므로 그 뜻을 취하여 편명으로 삼은 것이다.

무릇 군대는 도道로써 승리하는 경우가 있고, 위엄으로써 승리하는 경우가 있고, 힘으로써 승리하는 경우가 있다. 무예武藝를 강습講習하고 적의 허실을 헤아려서 적군으로 하여금 사기를 잃게 하고 군대가 흩어지게 하여, 비록 형체는 온전하나 제대로 쓰지 못하게 하면, 이는 도로써 승리하는 것이다.

법제法制를 살피고 상벌을 분명히 시행하고 병기의 사용을 편리하게 하여 백성들로 하여금 필전必戰의 마음을 갖게 하면, 이는 위엄으로써 승리하는 것이다.

적군을 격파하여 적장을 죽이고, 적의 성문을 타고 들어가 적의 무리를 궤멸시키고 적의 영토를 빼앗아 성공하고 돌아오면, 이는 힘으로써 승리하는 것이다.

왕자와 제후가 이 세 가지 승리하는 방법을 알면 전쟁 준비는 다 마친 것이다.

장수가 싸울 수 있는 것은 병사들 때문이요 병사들이 싸울 수 있는 것은 사기士氣 때문이니, 사기가 충실하면 싸우고 사기를 빼앗기면 패주한다.

형벌을 가하지 않고 병기를 맞대고 접전하기 전에 적의 사기를
빼앗는 것이 다섯 가지이니, 첫 번째는 조정에서 계책을 잘 세워
승리하는 것이요, 두 번째는 장수가 임명을 받는 것이요, 세 번째
는 강기슭을 넘어가는 것이요, 네 번째는 해자를 깊이 파고 보루
를 높이 쌓는 것이요, 다섯 번째는 온 진영에 군법을 적용하는 것
이다.

이 다섯 가지는 먼저 적의 강약과 허실을 헤아린 뒤에 군대를
출동하는 것이니, 적의 허약한 곳을 공격하여 적의 사기를 빼앗을
수 있는 방법이다.

용병을 잘하는 자는 적의 사기를 빼앗고 적에게 사기를 빼앗기
지 않으니, 적의 사기를 빼앗는 것은 내 마음의 기지機智이고, 호령
은 병사들의 마음을 통일시키는 것이다. 병사들을 자세히 살피지
못하면 일을 자주 변경하게 되고, 일을 자주 변경하면 장수가 비
록 명령을 내리더라도 병사들이 믿지 않는다.

그러므로 병사들을 지휘 명령하는 방법은, 조금 잘못된 것은 변
경하지 말고 조금 의심스러운 것은 중지하지 말아야 한다. 위에서
의심스러운 명령을 내리지 않으면 병사들이 의심스레 듣지 않고,
출동함에 의심스러운 일이 없으면 병사들이 의심하는 마음을 품
지 않으니, 병사들의 마음에 믿음을 주지 못하고서 병사들의 힘을
얻은 장수는 없었으며, 병사들의 힘을 얻지 못하고서 결사적으로
싸우게 한 장수는 없었다.

그러므로 나라에 만일 예禮와 신信과 친애親愛의 의義가 있으면 굶주림을 배부름으로 바꿀 수 있고, 나라에 만일 효자孝慈와 염치廉恥의 풍속이 있으면 죽음을 삶으로 바꿀 수 있다.

옛날 군주가 백성들을 통솔할 적에는 반드시 예와 신으로 먼저 복종시키고 작록爵祿으로 뒤에 권면하였으며, 염치로 먼저 교화하고 형벌로 뒤에 위엄을 보였으며, 먼저 백성들을 친애한 뒤에 백성들의 몸을 다스렸다.

그러므로 전쟁을 하는 자는 반드시 윗사람이 몸소 솔선하여 병사들을 격려함을 근본으로 삼아서 마치 마음이 사지四肢를 부리듯 하여야 한다. 마음을 격려시키지 않으면 장교들이 충절을 바쳐 죽지 않고, 장교들이 충절을 바쳐 죽지 않으면 병사들이 힘을 다해 싸우지 않는다.

병사들을 격려하는 방도는 백성(병사)들의 생활을 후厚하게 해주지 않으면 안 되고, 관작의 등급과 친척의 죽음과 초상에 백성들이 경영하는 바를 도와주지 않으면 안 된다. 반드시 백성들이 생활하는 것에 근거하여 마련해주고 백성들이 경영하는 것에 근거하여 드러내주어야 한다. 그리하여 녹봉을 충실하게 해주고 음식을 마련하여 서로 친하게 해주어 향리에서 서로 권면하고 초상에 서로 구원하고 병역에 서로 따르게 하여야 하니, 이것이 백성들을 격려하는 방법이다.

10명과 5명의 대원들로 하여금 친척처럼 서로 구원하게 하고, 100명으로 하여금 친구처럼 친하게 만들어서, 멈춰 있을 때에는 담과 같이 튼튼하고 출동할 때에는 폭풍우와 같이 신속해서, 수레는 바퀴를 멈추지 않고 전진하며 병사들은 발길을 되돌리지 않고 승리에 힘쓰니, 이는 진영을 구성하는 기본 방도이다.

토지는 백성을 기르는 것이요, 성곽은 땅을 지키는 것이요, 전투는 성을 지키는 것이다. 그러므로 경작을 힘쓰는 자는 백성(병사)들이 굶주리지 않게 하고, 지키기를 힘쓰는 자는 땅이 위태롭지 않게 하고, 전투를 힘쓰는 자는 성이 포위되지 않게 하니, 이 세 가지는 선왕의 본분의 일이다.

본분의 일은 군대에서 가장 우선으로 여기는 것이다. 그러므로 선왕이 군대에 온전하게 힘을 쓴 것이 다섯 가지가 있으니, 양식의 저축이 많지 않으면 병사들이 출동하지 못하고, 상賞과 녹봉이 많지 않으면 병사들이 권면되지 못하고, 무사를 선발하지 않으면 병사들이 강하지 못하고, 병기가 구비되지 않으면 힘이 건장하지 못하고, 형벌과 상이 도리에 맞지 않으면 병사들이 법령을 두려워하지 않는다는 것이다. 이 다섯 가지를 힘쓰면 고요할 적에는 견고함을 지킬 수 있고, 출동할 적에는 원하는 바를 성취할 수 있다.

도성에 남아 지키는 것을 공격과 출동에 비교하면, 도성에 남아 지킬 적에는 신중해야 하고 진영은 견고해야 하며, 출동할 적에는 일제히 일어나야 하고 전투할 적에는 똑같이 힘을 쏟아야 한다.

왕자의 나라는 백성을 부유하게 하고, 패자의 나라는 병사를 부유하게 하고, 겨우 버텨나가는 나라는 대부大夫를 부유하게 하고, 망하는 나라는 국고를 부유하게 하니, 이른바 '위가 가득하면 아래가 새어서 환난을 구제할 수 없다.'는 것이다.

그러므로 말하기를 "어진 이를 등용하고 유능한 자에게 맡기면 시일을 가리지 않고도 일이 이롭고, 법령을 분명히 하고 자세히 살피면 점을 치지 않고도 길함을 얻고, 공功이 있는 자를 높여주고 수고한 자를 길러주면 신명에게 기도하지 않아도 복을 얻는다."라고 한 것이다.

또 "천시天時가 지리地利만 못하고 지리가 인화人和만 못하다." 하였으니, 성인聖人이 귀하게 여긴 것은 사람의 일일 뿐이다.

장수가 근로하는 군대는 장수가 반드시 몸소 솔선해서, 더워도 일산을 펴지 않고 추워도 옷을 껴입지 않으며, 험한 곳에서는 반드시 수레에서 내려서 걸어가며, 군대의 우물을 만든 뒤에야 물을 마시고 군대의 밥이 지어진 뒤에야 밥을 먹고 군대의 보루가 이루어진 뒤에야 머물러 쉬어서 수고로움과 편안함을 반드시 병사들과 함께하니, 장수가 이와 같이 하면 군대가 출동한 지 비록 오래더라도 병사들이 지치거나 피폐하지 않게 된다.

제5편 적을 공격하는 임기응변 〔攻權〕

'공권攻權'이란 적을 공격하는 권법權法(임기응변하는 방법)이니, 적을 공격하면서 권변의 방법을 알면 공격하여 반드시 점령할 수 있다. 그러므로 글의 뜻을 취하여 편명을 삼은 것이다.

군대는 고요함으로써 승리하고 나라는 전일專一함으로써 승리하니, 군대의 힘이 분산되면 세력이 약해지고, 장수가 마음에 의심을 품으면 아랫사람들이 배반한다.

병사들의 힘이 약하기 때문에 전진과 후퇴가 호방豪放하지 못하고, 적을 놓아주고 사로잡지 못하는 것이다. 장교와 병사들이 동정動靜을 한 몸처럼 해야 하니, 윗사람이 의심하고 아랫사람의 마음이 이반離叛되면, 위에서 계책이 결정되어도 아래에서 움직이지 않고 아래의 움직임이 결정되어도 위에서 금지하지 못한다. 딴 말을 하고 헛된 말을 하여 장수에게 근엄하고 정돈된 모습이 없고 병사들에게 일정한 직책이 없으면, 출동하여 공격함에 반드시 패한다. 이것을 일러 '성급하고 능멸하는 군대'라 하니, 함께 전투할 수 없다.

비유하면 장수는 마음이고 여러 부하들은 사지와 관절이니, 마음이 동할 적에 성실하면 사지와 관절이 반드시 힘을 쓰고, 마음이 동할 적에 의심하면 사지와 관절이 반드시 이반된다. 장수가 마음이 되어 제재하지 못하고 병사들이 관절이 되어 움직이지 못하면 비록 승리하더라도 요행으로 승리한 것이니, 적을 공격하는 권변權變(임기웅변)이 아니다.

백성들은 두 가지를 다 두려워하지는 않는다. 나를 두려워하면 적을 업신여기고 적을 두려워하면 나를 업신여기니, 업신여김을 당하는 장수는 패하고 위엄을 세우는 장수는 승리한다.

무릇 장수가 위엄을 제대로 세우는 군대는 관리들이 자기 장수를 두려워하고, 관리들이 자기 장수를 두려워하는 군대는 병사들이 자기 관리를 두려워하고, 병사들이 자기 관리를 두려워하는 군대는 적이 이 병사들을 두려워한다.

이 때문에 승패의 방도를 아는 장수는 반드시 먼저 두려워하고 업신여기는 변통의 방법을 알아야 한다. 장수가 병사들의 마음을 기쁘게 하지 못하면 병사들이 장수를 위해 쓰여지지 않고, 병사들의 마음을 두렵게 하지 못하면 병사들이 장수를 위해 출동하지 않는다.

사랑은 아랫사람들이 순종하는 데 달려있고, 위엄은 윗사람이 세우는 데 달려있다. 윗사람이 아랫사람을 사랑하기 때문에 아랫사람이 의심하지 않고, 윗사람이 위엄이 있기 때문에 아랫사람이 범하지 않는다. 그러므로 장수 노릇을 잘하는 것은 사랑과 위엄에 달려있을 뿐이다.

전투하여 반드시 승리할 수 있다고 기약할 수 없으면 전투를 말해서는 안 되고, 공격에 반드시 함락시킬 수 없으면 공격을 말해서는 안 된다. 그렇지 않으면 형벌과 상으로도 믿게 할 수 없으니, 믿음은 기약에 앞서 믿게 해야 하고, 일은 조짐이 나타나지 않을 때에 대비해야 한다.

그러므로 병력이 이미 모였으면 헛되이 해산해서는 안 되고, 군대가 이미 출동하였으면 그대로 돌아가서는 안 된다. 적을 찾기를 잃어버린 자식을 찾듯이 하고, 적을 공격하기를 물에 빠진 사람을 구제하듯 신속히 해야 한다.

적이 험한 지역을 나누어 지키는 것은 싸우려는 마음이 없는 것이다. 도전해 오는 적은 전력을 다해 대항하지 말고, 싸움을 걸어오는 적은 강성한 군대로 대응하지 말아야 한다.

무릇 대의大義를 내세워서 하는 전쟁은 우리가 먼저 군대를 일으키는 것을 소중하게 여긴다. 그러나 사사로움을 다투어 원한을 맺는 전쟁은 부득이하여 응해야 하니, 원한이 쌓여 군대를 일으키더라도 기다려서 뒤에 군대를 일으키는 것을 소중하게 여긴다. 그러므로 다툴 때에는 마땅히 적이 먼저 군대를 일으키기를 기다려야 하고, 쉴 때에는 마땅히 적의 공격을 대비하여야 하는 것이다.

군대는 조정에서 승리하는 경우가 있고, 원야原野에서 승리하는 경우가 있고, 시정市井에서 승리하는 경우가 있다. 적과 싸워 우연히 승리하고 적이 굴복하여 잃는 것은, 우리가 요행으로 패하지 않은 것이다. 이는 뜻밖에 적이 놀라고 두려워하여 겨우 승리한 것이니, 겨우 승리함은 완전한 승리가 아님을 말한 것이다.

완전한 승리가 아닌 것은 권위의 명성이 없다. 그러므로 명철한 군주는 싸우고 공격하는 날에 북소리와 나팔소리에 맞추어서 병기와 칼날로써 절도節度를 삼으니, 이렇게 하면 승리하기를 바라지 않아도 승리할 것이다.

군대가 수비를 철거하고 위세를 거두고도 승리하는 것은 법도가 있고 또 기용器用(능력에 따라 등용하고 배치함)이 일찍 정해져 있기 때문이니, 이는 적에게 대응함이 완벽하고 병사들을 통솔함이 지극한 것이다.

그러므로 다섯 명을 오伍로 만들고 열 명을 십什으로 만들고 백 명을 졸卒로 만들며, 천 명에는 수帥를 두고 만 명에는 장수를 둔 것이 주밀周密하고도 지극한 법이다. 그리하여 장수가 아침에 죽으면 아침에 즉시 교체하고 저녁에 죽으면 저녁에 즉시 교체하여 적의 허실과 강약을 저울질하고 적장의 지용智勇을 살핀 뒤에 군대를 출동해야 한다.

그러므로 무릇 천 리 밖에 군대를 집결할 적에는 열흘의 시기를 주고, 백 리 밖에 군대를 집결할 적에는 하루의 시기를 주어 반드시 적의 경내에 집결하도록 한다. 병사들이 모이고 장수가 도착하면 적의 지역으로 깊숙이 쳐들어가서 도로를 차단하고 큰 성읍에 주둔하여 병사들로 하여금 성에 올라가 적의 험한 요새를 핍박하게 하여야 한다.

적이 각각 지형을 따라 남녀가 몇 겹으로 우리의 요새를 공격하고 한 성읍을 점거하여 도로가 모두 단절되었으면, 우리도 나아가 적을 공격해야 한다. 이때 적의 장수가 부하 병사들에게 신임을 받지 못하고, 적의 관리와 병사들이 서로 화합하지 못하며 형벌을 시행하여도 따르지 않는 자가 있으면, 우리가 적을 패퇴시킬 수 있으니, 적의 구원병이 오기 전에 성 하나는 함락시킬 수 있다.

적이 나루터와 교량을 만들지 못하고 요새를 수리하지 못하고 성의 방어 시설을 설치하지 못하고 해자와 바윗돌을 펼쳐놓지 못하였으면, 비록 성이 있으나 지킴이 없는 것이요, 멀리 있는 보루의 적병들이 미처 들어오지 못하고 변방을 지키는 적병들이 미처 돌아오지 못했으면, 비록 사람(적군)이 있으나 사람이 없는 것이요, 육축六畜(소, 말, 돼지, 양, 닭, 개 등)을 미처 모으지 못하고 오곡五穀을 거두지 못하며 재용財用을 거두어 보관하지 못했으면, 비록 물자가 있으나 물자가 없는 것이다. 성읍이 공허하고 물자가 다한 경우에는 우리가 그 허약한 틈을 타서 공격하여야 한다.

병법에 이르기를 "홀로 나가고 홀로 들어와서 적과 칼날을 접하지 않고도 패하도록 만든다."라고 함은 바로 이것을 말한 것이다.

제6편 성을 지키는 임기응변 〔守權〕

'수권守權'이란 성을 지키는 권변權變의 법이니, 성을 지키는 데 권변의 법이 있으면 반드시 성을 견고하게 지킬 수 있다. 그러므로 이를 편명으로 삼은 것이다.

무릇 성을 지키는 자가 전진하면서 외성外城의 바깥 지역을 점거하지 않고 후퇴하면서 보초막을 설치하지 않고서 적을 막아 싸운다면, 용병을 잘하는 자가 아니다. 호걸과 영준英俊과 견고한 갑옷과 예리한 병기와 강한 쇠뇌와 화살이 모두 성곽 안에 있게 하며, 또 곳집과 지하 창고에 있는 곡식을 거둬들이고 외성의 바깥 지역에 있는 집을 부수고 성안으로 들어와 수비하게 하여, 적으로 하여금 기운이 열 배, 백 배가 들게 하고 자신의 기운은 반도 쓰지 아니한 채로 적이 공격하도록 만드는 것은 적을 심하게 훼손시키는 것이다. 그런데도 세상의 장수들은 이 수비하는 방법을 알지 못한다.

수비는 그 험함을 잃지 않는 것이다. 수비하는 방법은 성 한 길을 열 명이 지키니, 각종의 공장工匠(무기, 갑옷, 막사 등의 제작·보수를 담당하는 사람)과 음식을 만드는 자는 여기에 포함되지 않는다. 출전하는 자는 수비하지 않고 수비하는 자는 출전하지 않으면 한 명이 적병 열 명을 당해내고 열 명이 백 명을 당해내고 백 명이 천 명을 당해내고 천 명이 만 명을 당해낸다. 그러므로 성곽을 만드는 이유는 다만 백성들의 힘을 허비하여 흙을 모으는 것이 아니요, 진실로 수비를 위한 것이다.

천 길의 성을 만 명이 수비한다. 해자가 깊고 넓으며, 성이 견고하고 두터우며, 병사와 백성들이 구비되고 땔감과 식량이 충분하며, 쇠뇌가 견고하고 화살이 강하며, 세모진 창과 두 갈래진 창이 여기에 갖추어져야 하니, 이것이 수비하는 방법이다.

우리의 성을 공격하는 적의 병력이 십여만 명에 이르더라도 외부에 기필코 우리를 구원하려는 군대가 있으면 반드시 성을 지켜낼 수 있고, 기필코 구원해주려는 군대가 없으면 성을 반드시 지켜내지는 못한다.

만약 저 성이 견고하고 외부의 구원하는 자가 성심을 다한다면, 어리석은 지아비와 미련한 부인이라도 성을 지키면서 물자와 피땀을 다 바칠 것이다. 성은 1년을 수비하는 것이니, 수비는 공격보다 여유롭고 구원은 수비보다 여유롭다.

만약 저 성이 견고하더라도 외부의 구원이 성심을 다하지 않는다면, 어리석은 지아비와 미련한 부인들도 성을 지키면서 눈물을 흘리지 않는 이가 없을 것이니, 이는 사람의 똑같은 심정이다.

이러한 때에는 지하에 있는 창고를 열어 백성들을 구휼하고 어루만지더라도 병사들의 이반하는 마음을 멈추게 할 수 없으니, 반드시 호걸과 영준英俊들을 고무시켜 견고한 갑옷과 예리한 병기와 군센 쇠뇌와 강한 화살로 앞에서 일제히 적을 맞아 싸우게 하고,

아무리 유약하고 부상당하고 수척한 자들이라도 뒤에서 힘을 다하게 해야 한다.

십만의 적군이 성 아래에 주둔하여 우리를 포위하고 있으면, 우리를 구원하는 자는 반드시 그 포위를 풀려고 하고, 성을 수비하는 자들도 반드시 출전하여 성에서 나와 요새를 점거해야 한다. 이때 우리의 배후를 구원하여 적이 우리의 군량 수송로를 끊지 못하게 하되, 성의 안팎이 은밀히 서로 호응해야 한다. 이는 우리를 구원하면서 성심을 다하지 않는 것처럼 보이기 위해서이니, 성심을 다하지 않는 것처럼 보이려는 것은 적을 전도顚倒시킬 때를 기다리는 것이다. 건장한 병사들을 뒤에 두고 노약자들을 앞에 두면 적이 앞을 가로막지 못할 것이요, 이때 수비하는 자들도 협공을 멈추지 말아야 하니, 이것이 성을 수비하는 임기응변이다.

제7편 장수가 갖춰야 할 12가지 사항〔十二陵〕

'능陵'은 그 높고 큼을 비유한 것이니, 장수는 위엄이 있고 은혜가 있고 기지機智를 알고 전투를 잘하며, 공격을 잘하고 수비를 잘하고 허물이 없고 곤궁함이 없으며, 신중하고 지혜가 많고 폐해를 제거하고 잘 결단해야 한다. 이 열두 가지 일이 완전히 구비되면 적국을 능멸할 수 있을 것이다.

반대로 장수가 후회하는 일이 많고 재앙을 만들고 사사로움에 편벽되고 또 상서롭지 못하고 절도가 없고 밝지 못하고 성실하지 못하고 고루하며, 화禍와 해害와 위태로움과 멸망의 일이 많으면, 비루하고 나약하여 패전을 구원하기에도 겨를이 없을 것이니, 하물며 감히 적국을 능멸할 수 있겠는가.

이는 스물네 가지 일인데, 앞에 열두 가지 일만을 가지고 12릉이라 했다 하니, 이 설이 옳은지는 모르겠다.

위엄은 변치 않음에 있고, 은혜는 때에 따라 베풂에 있고, 기지는 일에 응함에 있고, 전투는 군사들의 기운을 다스림에 있고, 공격은 적의 의표를 찌름에 있고, 수비는 밖을 꾸밈에 있고, 잘못이 없음은 도수度數의 정밀함에 있고, 곤궁함이 없음은 미리 대비함에 있고, 신중함은 작은 것을 두려워함에 있고, 지혜는 큰 것을 다스림에 있고, 폐해를 제거함은 과감하게 결단함에 있고, 사람들의 마음을 얻음은 남에게 몸을 낮춤에 있다.

뉘우침은 의심스러운 사람을 임용함에 있고, 재앙은 죄 없는 사람을 도륙함에 있고, 편벽됨은 사사로움이 많음에 있고, 상서롭지 못함은 자신의 잘못을 듣기 싫어함에 있고, 절도가 없음은 백성들의 재물을 고갈시킴에 있고, 밝지 못함은 이간질을 받아들임에 있고, 성실하지 못함은 가볍게 발동함에 있고, 고루함은 현자賢者를 떠나가게 함에 있고, 화禍는 이익을 좋아함에 있고, 해害는 소인을 가까이함에 있고, 망함은 국가에 지키는 바가 없음에 있고, 위태로움은 장수에게 호령이 없음에 있다.

제8편 무력을 사용하는 방도에 대한 의논 〔武議〕

'무의武議'는 무력을 사용하는 방도를 의논한 것이니, 안에 '무의' 두 글자가 있으므로 취하여 편명을 삼은 것이다.

무릇 군대는 잘못이 없는 성을 공격하지 않고 죄 없는 사람을 죽이지 않아야 하니, 남의 부형을 죽이고 남의 재화를 취하고 남의 자녀를 신첩臣妾으로 만드는 것은 모두 도둑이다.

그러므로 군대는 포악하고 혼란한 자를 주벌하고 의롭지 못한 자를 막는 것이다. 군대를 출동하는 곳에 농민은 농사짓는 전장田庄을 떠나지 않고, 상인은 가게와 집을 떠나지 않고, 사대부는 관청을 떠나지 않으니, 이는 무력을 사용하는 대상이 포악하고 혼란한 군주나 장수 한 사람이기 때문이다. 그러므로 군대가 칼날에 피를 묻히지 않고도 천하가 친히 따르는 것이다.

천자의 나라는 농사와 전투에 힘쓰고, 큰 제후의 나라는 자국을 구원하는 수비에 힘쓰고, 작은 제후의 나라는 백성을 기르는 것을 일삼는다. 농사와 전투에 힘쓰는 자는 권세가 스스로 충족되어 밖으로 권세를 찾지 않고, 구원하는 수비에 힘쓰는 자는 병기가 구비되어 밖으로 남의 도움을 찾지 않고, 백성을 기르는 것을 일삼는 자는 재물이 풍족하여 밖으로 남의 물자를 요구하지 않는다.

군대를 출동해서는 장비가 부족하여 싸울 수 없고 들어와서는 물자가 부족하여 지킬 수 없는 경우에는 교역하는 시장으로 다스려야 하니, 시장이란 전쟁하고 수비하는 물자를 공급하는 곳이다. 천자국에 큰 제후국의 도움이 없으면 반드시 작은 제후국에게서 재화를 공급받아야 한다.

무릇 주벌은 위무威武를 밝히기 위한 것이다. 한 사람을 죽여서 삼군을 두려워 떨게 할 수 있으면 죽이고, 한 사람을 죽여서 만인萬人을 기쁘게 할 수 있으면 죽여야 하니, 죽임은 지위가 높은 사람을 죽이는 것을 훌륭하게 여기고, 상은 지위가 낮은 자에게 주는 것을 훌륭하게 여긴다.

마땅히 죽여야 할 경우에 아무리 귀중한 자라도 반드시 죽인다면 이는 형벌이 위로 올라가는 것이요, 소를 먹이는 아이와 말을 기르는 자들에게까지 상을 준다면 이는 상이 아래로 흐르는 것이다. 형벌이 위로 올라가고 상이 아래로 흐르게 할 수 있다면, 이는 장수에게 위무가 있는 것이다. 그러므로 군주는 장수를 소중히 여겨야 하는 것이다.

장수는 북을 당겨 북채를 잡고 국난에 임하여 적과 결전해서 병기를 맞대고 칼날을 부딪치니, 북을 쳐서 진격하여 합당함을 얻어 승리하면 공에 따른 상을 받고 명성을 세우며, 북을 쳐서 진격하여 합당함을 얻지 못하여 패하면 몸이 죽고 나라가 망한다. 이는 국가의 흥망興亡과 안위安危가 장수의 북채 끝에 달려있는 것이니, 군주가 어찌 장수를 소중히 여기지 않을 수 있겠는가.

장수가 북을 당겨 북채를 잡고서 병사들로 하여금 무기를 맞대고 칼날을 부딪치게 해서, 군주가 무력을 사용하여 공을 이루는 것을, 나는 어려운 일이 아니라고 생각한다.

옛사람이 말하기를 "몽충蒙衝이라는 전선戰船 없이 적을 공격하고 마름쇠 없이 수비하는 것을 일러 공격과 수비를 잘못하는 군대라고 한다." 하였으니, 보아도 보이는 바가 없고 들어도 들리는 바가 없는 것은 나라에 시장이 없어 재용財用이 부족하기 때문이다.

몽충蒙衝

시장은 온갖 화물貨物을 교역하는 장소이다. 값이 쌀 때 구입하였다가 값이 비싸졌을 때 팔아 물가가 폭등하지 않도록 병사와 사람들의 독점을 제한하여 천하의 재용을 풍부하게 해야 한다.

사람은 하루에 한 말의 곡식을 먹으면 되고 말은 하루에 세 말의 콩을 먹으면 되는데, 사람들이 굶주린 기색이 있고 말이 수척

한 것은 어째서인가? 시장에 물건이 나오고 있는데도 관청에서 이를 주관하는 법이 없기 때문이다. 전란이 일어나 천하의 절제를 주장하면서 백화百貨를 주관하는 관원이 없으면 전쟁을 잘한다고 말할 수 없다.

군대를 일으킬 적에 병사들의 갑옷과 투구에서 이와 서캐가 생겨도 오로지 장수인 나를 위하여 목숨을 바치게 해야 하니, 맹금猛禽이 참새를 쫓을 적에 참새가 사람의 품으로 들어오고 사람이 있는 방으로 들어오는 것은, 살 곳을 벗어나고자 해서가 아니요 뒤에 두려운 것이 있기 때문이다.

태공망太公望(B.C. 1156~B.C. 1017)은 나이 70에 주왕紂王의 도읍인 조가朝歌에서 소를 도살하고 맹진盟津에서 밥장사를 하였는데, 70여 세가 지났으나 군주가 그의 말을 듣지 않으니, 사람마다 모두 그를 일러 '미친 놈'이라 하였다. 그런데 문왕文王을 만나서는 3만의 군대를 이끌고 한 번 싸워 천하를 평정하였으니, 태공망이 무력을 사용하는 방도에 대한 의론을 잘하지 않았다면 어떻게 이처럼 의기투합할 수 있었겠는가.

그러므로 이르기를 "좋은 말도 채찍이 있어야 먼 길을 갈 수 있고, 어진 선비도 군주와 뜻이 맞아야 대도大道를 밝힐 수 있다." 한 것이다.

주 무왕周武王이 은殷나라의 주왕紂王을 정벌할 적에 군대가 맹진孟津을 건너가서 오른손에는 깃발을 잡고 왼손에는 도끼를 잡으니, 결사적으로 싸우는 용사가 3백 명이고 전사戰士가 3만 명이었다.

은나라 주왕의 진영은 병력이 억만(10만) 명이고, 비렴飛廉과 악래惡來라는 명장이 앞장서서 세모진 창과 도끼를 잡고 공격하여 백리에 걸쳐 길을 열었으나, 무왕은 병사와 백성들을 피로하게 하지 않고 병기의 칼날에 피를 묻히지 않고서 은나라를 이기고 주왕을 주벌하였으니, 이는 상서로움과 기이함이 있었기 때문이 아니요 인사人事가 닦여졌기 때문에 가능했던 것이다.

지금 세상의 장수들은 십간十干과 십이지十二支를 배합하여 계산해 낸 고孤와 허虛를 살펴보아 길흉화복을 추산하고, 오행五行이 목욕하는 곳이라는 함지咸池의 운행 상황에 따라 일의 성패를 점치고 거북껍질의 조짐을 맞추어 길흉을 살펴보고 성신星辰과 바람과 구름의 변동을 관찰하여 승리해서 공을 세우고자 하니, 나는 어렵다고 생각한다.

장수는 위로는 천시天時에 제재받지 않고, 아래로는 지형地形에 제재받지 않고, 가운데로는 군주에게 제재받지 않아야 한다.

그러므로 흉한 기물인 병기와, 패역하는 덕인 전쟁과, 죽는 관직인 장수는 부득이하여 사용해야 한다. 위로 천시에 제재받지 않고 아래로 지형에 제재받지 않고 뒤에 제재하는 군주가 없고 앞에 가로막는 적이 없어서, 한 장수의 군대가 이리와 같고 호랑이와 같고 폭풍우와 같고 우레와 같고 벼락과 같아, 빨리 출동하고 은밀하게 계책을 숨겨서 천하가 모두 놀라는 것이다.

승리하는 군대의 형세는 물과 유사하다. 물은 지극히 유약하나 물이 닿는 곳은 구릉도 반드시 무너지니, 다른 이유가 없다. 성질이 전일專一하여 저촉함이 진실되기 때문이다.

지금 막야莫邪라는 명검名劍의 예리함과, 무소와 외뿔소 가죽으로 만든 갑옷의 견고함과, 삼군의 많은 병력으로 기병奇兵과 정병正兵을 적절히 운용한다면, 천하에 감히 그 싸움을 당해낼 수 있는 이가 없을 것이다.

그러므로 이르기를 "어진 이를 천거하고 재능이 있는 자를 등용하면 시일을 가리지 않고도 일이 순조롭고, 법을 밝히고 명령을 자세히 살펴서 내리면 복서卜筮를 하지 않고도 길함을 얻고, 공이 있는 자를 귀하게 해주고 수고한 자를 잘 길러주면 신에게 기도하고 제사하지 않고도 복을 얻는다." 하였고, 또 이르기를 "천시天時가 지리地利만 못하고 지리가 인화人和만 못하다." 하였으니, 옛날의 성인은 사람의 일을 삼갔을 뿐이다.

오기吳起가 진秦나라와 싸울 적에 군대를 주둔하면서 이랑과 밭두둑을 평평하게 고르지 않고 자신의 숙소를 작은 나무로 지붕을 덮어서 겨우 서리와 이슬만 막았으니, 이와 같이 한 것은 어째서인가? 스스로 남보다 높은 체하지 않고자 해서였다.

부하 장병들이 결사적으로 싸우기를 바라면 장수가 존귀해지기를 바라지 않아야 하고, 부하 장병들이 용력勇力을 다하게 하려면 장수가 부하들에게 예禮를 바라지 않아야 한다.

그러므로 옛날에 갑옷을 입고 투구를 쓴 무사武士가 군주에게 절하지 않았던 것은, 군주가 자신 때문에 무사를 번거롭게 하지 않음을 사람들에게 보인 것이다. 남을 번거롭게 하고서 그가 목숨을 바치고 힘을 다하기를 바라는 것은 예부터 지금까지 듣지 못하였다.

장수가 출전 명령을 받은 날에는 자기의 집안을 잊고, 군대를 진열하여 야영을 하면 자기의 어버이를 잊고, 북채를 잡고 북을 치면 자기의 몸을 잊는다.

싸움에 임하여 좌우에서 검劍을 올리자, 오기가 말하기를 "장수는 오로지 깃발과 북을 주관할 뿐이니, 국난國難에 임하여 의심스러운 일을 결단하고 군대를 지휘하는 것이 장수의 일이다. 검을 휘둘러 적을 죽이는 한 가지 임무는 장수의 일이 아니다." 하였다.

삼군이 항렬을 이루었으면 하루에 30리씩 3일간 90리를 가야 하니, 90리를 달려간 뒤에는 냇물의 근원을 터놓은 것 같이 적이 막을 수 없게 해야 한다. 앞에 있는 적을 바라보고 병사들의 장점을 따라 운용해서 적이 흰 것을 쓰면 우리도 흰 것으로 꾸미고, 적이 붉은 것을 쓰면 우리도 붉은 것으로 꾸며야 한다.

오기가 진나라와 싸울 적에, 교전하기 전에 한 병사가 자신의 용맹을 주체하지 못하고 앞으로 나가 적의 수급首級 두 개를 베어 가지고 돌아오자, 오기가 그 자리에서 그의 목을 베게 하였다. 이때 군리軍吏가 간諫하기를 "이는 뛰어난 병사이니, 목을 베어서는 안 됩니다." 하였으나, 오기는 "뛰어난 병사임은 분명하지만 나의 명령을 따른 것이 아니다."라 하고 참수하였다.

제9편 장수의 다스림 〔將理〕

'장리將理'란 장수가 되어 다스리는 것이다. 편 안에 모두 옥송獄訟을 다스리고 결단하는 일을 말하였고, 첫머리에 또 '장리' 두 글자가 있으므로 이를 편명으로 삼은 것이다.

무릇 장수는 다스리는 관원이요 만사萬事의 주재이니, 한 사람에게 사사로운 정을 두지 않아야 한다. 한 사람에게 사사로운 정을 두지 않기 때문에 만사가 이르면 제재하고 만사가 이르면 명령하는 것이다.

군자는 가까이에서 죄수의 실정을 살피고, 죄수에게 죄가 없다면 비록 죄수가 활을 당겨 자신을 쏘더라도 쫓아가지 않는다. 그러므로 죄수의 실정을 잘 살펴서 매질하지 않고도 죄수의 실정을 다 알 수 있는 것이다.

등에 채찍질하고 갈비뼈를 지지고 손가락을 묶고서 죄수의 실정을 심문하면, 비록 국사國士라도 혹독함을 이기지 못하여 스스로 거짓 자복하는 자가 있다.

지금 세상의 속담에 "천금千金이 있으면 죽지 않고 백금百金이 있으면 형벌을 받지 않는다."라 하나, 한번 내가 말한 이 방법을 따른다면 비록 요堯·순舜의 지혜가 있더라도 한마디 말도 관여하지 못하고, 비록 만금萬金이 있더라도 한 푼도 쓰지 못할 것이다.

지금 옥사獄事를 결단함에 작은 감옥은 죄수가 십여 명에 이르고 큰 감옥은 죄수가 천 명에 이르니, 죄수 열 명은 백 사람의 일에 관련되고, 죄수 백 명은 천 사람의 일에 관련되고, 죄수 천 명은 만 사람의 일에 관련된다. 여기에 관련된 자들은 죄수의 친척과 형제들이요, 그 다음은 혼인한 인척이요, 그 다음은 아는 자와 친구이다.

옥사와 관련되면, 농사짓는 자는 모두 농업을 떠나고 상인은 모두 가게를 떠나고 사대부는 모두 관부官府를 떠나니, 이와 같이 양민을 관련시키는 것이 모두 죄수의 실정이다.

병법에 이르기를 "십만의 군대가 출동하면 하루에 천금을 소비한다." 하였다. 지금 양민 십만이 옥사에 관련되어 있는데, 윗사람이 이것을 살피지 못하니, 나는 위태롭다고 생각한다.

제10편 관직의 근원을 밝힘〔原官〕

'원관原官'이란 관직에 있으면서 다스리는 근본을 평론한 것이니, 한유韓愈(768~824)의 〈원도原道〉·〈원성原性〉과 같은 따위이다.

관官은 일을 주관하는 것이니 다스리는 근본이요, 제制는 직책에 따라 사士·농農·공工·상商의 네 가지 백성을 나누는 것이니 다스림의 나눔이다.

귀한 관작과 많은 녹봉을 재才와 덕德에 걸맞게 내리는 것은 존비尊卑를 나누는 본체요, 선한 사람을 좋아하고 악한 사람을 벌주어 법도를 바로잡음은 백성을 논공행상論功行賞하는 도구이다.

정지井地를 고르게 하고 세금을 적게 거두는 것은 백성을 취하기 위하여 먼저 주는 권도權道요, 공인工人에게 공정을 지정해주고 기용器用을 구비해주는 것은 공장工匠의 일이다.

땅을 나누어 요해처要害處를 막는 것은 괴이함을 끊고 음탕함을 금하는 일이요, 법을 지켜 과단함을 살피는 것은 신하의 절도요, 법도를 밝혀 효험을 상고하는 것은 윗사람이 잡아 지키는 것이다.

직책을 맡은 사람들을 분명하게 살펴 직책의 경중에 차등을 둠은 신하가 주관하는 권세요, 상을 주는 것을 분명히 하고 주벌을 엄격히 함은 간사함을 그치게 하는 방법이다.

열고 닫음(출동과 귀환)을 살피고 한결같은 도를 지킴은 정사의 요체요, 아랫사람의 정을 위로 도달하게 하고 윗사람의 정을 아래로 통하게 함은 지극히 밝게 듣는 방법이다.

나라에 재화의 있고 없는 숫자를 정확히 아는 것은 10분의 1을 가지고 헤아려서 있고 없음을 계산하기 때문이고, 적의 약함을 아는 것은 우리에게 강함의 본체가 있기 때문이고, 적의 동함을 아는 것은 우리가 결단하여 고요히 지키기 때문이다.

관직을 문文과 무武로 나누는 것은 왕자王者가 정치하는 두 가지 방법이요, 예기禮器의 제도를 똑같이 하는 것은 천자가 제후를 모으는 방법이다.

유세遊說하는 자와 간첩이 들어오지 못하는 것은 의논을 바르게 하기 때문이다.

제후는 천자의 명을 엄격히 지켜야 하는 예가 있으니, 군주가 백성들에게 낮추고 선대를 계승할 적에는 천자의 명을 받들어야 한다.

이름을 바꾸고 떳떳한 법도를 고치는 것은 왕의 밝은 덕을 어기는 것이다. 그러므로 예에 비추어 이들을 정벌할 수 있는 것이다.

관청에 다스릴 일이 없고 위에서 상을 주는 일이 없고 백성들에게 옥사와 분쟁이 없고 나라에 장사꾼이 없으면, 어느 왕도王道가 이렇게 지극하단 말인가. 어진 이를 밝게 천거하여 위로 도달하게 하는 것은 왕자가 귀를 기울여 신중히 듣는 데 달려있다.

제11편 다스림의 근본〔治本〕

'치본治本'이란 다스리는 근본이니, 편 안에 '치실기본治失其本'이
라는 네 글자가 있으므로 '치본' 두 글자를 취하여 편명으로 삼은
것이다.

"무릇 백성을 다스리는 것은 어떻게 하는 것인가?"

이에 다음과 같이 대답하였다.

오곡이 아니면 배를 채울 수 없고, 명주와 삼베가 아니면 몸을
가릴 수 없다. 그러므로 배를 채우려면 곡식이 있어야 하고, 몸을
가리려면 실이 있어야 하니, 지아비는 밭에서 김을 매고 아내는
베틀에서 북으로 옷감을 짜서, 백성들이 농업에 힘쓰고 다른 일을
하지 않으면 저축이 있게 된다.

지아비는 아로새겨 나무 그릇에 문식을 내거나 쇠 그릇에 문양
을 새기지 않아 농사를 해치지 않고, 여자는 비단과 붉은 끈에 수
를 놓아 꾸미지 않아 부녀자의 일을 해치지 않아야 한다. 나무로
만든 그릇은 문식을 하면 진액이 나오고, 쇠로 만든 그릇은 문양
을 새기면 비린내가 난다. 성인聖人은 질그릇으로 음료를 마시고
질그릇으로 밥을 먹었으니, 진흙을 쳐서 그릇을 만들어 천하에 허
비함이 없었다.

지금 쇠와 나무의 성질은 차갑지 않은데 수놓은 비단으로 싸서

꾸미고, 말과 소의 성질은 풀을 먹고 물을 마시는데 콩과 곡식을 준다. 이는 다스림에 근본을 잃은 것이니, 마땅히 제재하는 제도를 만들어 금지해야 한다.

봄과 여름에 지아비가 남쪽 이랑에 나가서 농사일을 하고, 가을과 겨울에 여자가 삼베와 비단을 짜면 백성들이 곤궁하지 않을 터인데, 지금 잠방이와 갈옷이 몸을 가리지 못하고 술지게미와 겨로도 배를 채우지 못하는 것은 정치를 잘못하기 때문이다.

옛날에 농사짓는 땅은 비옥하고 척박한 차이가 없고, 사람은 부지런하고 게으른 차이가 없었으니, 옛사람들은 어찌하여 잘하였고 지금 사람들은 어찌하여 잘못하는가. 지금의 지아비는 밭두둑의 농사일을 다 끝마치지도 않고, 여자는 날마다 베를 다 짜지도 않고 자르니, 추위와 굶주림을 어찌 해결하겠는가. 옛날에는 다스림이 잘 행해졌고, 지금은 다스림이 중지된 것이다.

무릇 정치라고 하는 것은 백성들로 하여금 사사로움이 없게 하는 것이니, 백성들이 사사로움이 없으면, 천하가 한 집안이 되어 사사로이 밭을 갈고 사사로이 베를 짜는 일이 없어서 추위와 굶주림을 함께한다. 그러므로 자식을 열 명 두었다고 하여 밥 한 그릇 값이라도 더 내게 하지 않고, 자식을 단 한 명 두었다고 하여 밥 한 그릇 값이라도 덜 내게 하지 않는다면 세상에 어찌 고함치고 술을 마시면서 선한 사람을 해치는 일이 있겠는가.

백성들이 경박하면 욕심이 일어나서 다투고 빼앗는 걱정이 생겨난다. 군주가 포악한 정사를 행하면 백성들은 사사로이 밥을 먹기 위해 먹을 것을 따로 저축하게 되고, 사사로이 쓰기 위해 재물을 따로 저축하게 될 것이다. 이런 뒤에 백성들이 한 번 금령禁令을 범했다 하여 형벌로써 구속하여 다스리면 백성들의 윗사람이 된 도리가 어디에 있겠는가.

훌륭한 정치는 법제를 잘 지켜서 백성들로 하여금 사사로움이 없게 하니, 아랫사람이 된 자가 감히 사사로이 하지 못하면 불법을 행하는 자가 없을 것이다.

근본을 돌이키고 이치로 꾸며서 정사가 한 가지 도리에서 나오게 하면 백성들의 욕심이 없어지고 다툼과 빼앗음이 사라져, 감옥이 텅 비고 들판에 백성들이 가득하고 곡식이 많아질 것이다. 백성들을 편안히 하고 먼 곳에 있는 사람들을 회유하여, 밖에는 천하의 난리가 없고 안에는 포악하고 혼란한 일이 없게 될 것이니, 이는 다스림이 지극한 것이다.

푸르고 푸른 하늘은 도道가 오묘하여 그 끝을 알 수 없으니, 제왕인 군주 중에 그 누가 법칙이 되겠는가. 지나간 세상의 성현은 따를 수가 없고 내세의 성현은 기다릴 수가 없으니, 자기에게서 찾을 뿐이다.

이른바 천자라는 것이 네 가지이니, 첫 번째는 '신명스러움'이요, 두 번째는 '광채를 천하에 밝힘'이요, 세 번째는 '윤리 도덕을 크게 펾'이요, 네 번째는 '적이 없음'이니, 이는 천자의 일이다.

들에 있는 동물은 하늘에 제사 지내는 정결한 제물祭物로 삼을 수 없고, 잡박한 학문으로는 통달한 선비가 될 수 없다.

　지금 말하는 자가 이르기를 "백 리의 바닷물은 한 지아비도 마시게 할 수 없으나, 3척의 작은 샘물은 삼군의 목마름을 충분히 해결할 수 있다." 하니, 욕심은 절도가 없는 데에서 생기고 사악함은 금지함이 없는 데에서 생겨난다.

　최상의 군주는 신묘하게 교화하고, 그 다음은 백성의 풍속을 따라 가르치고, 맨 아래는 백성들의 농사짓는 때를 빼앗지 않고 백성들의 재물을 손상시키지 않는다.

　금함은 반드시 군대와 형벌의 무武로써 이루어지고, 상賞은 반드시 은덕恩德과 혜택惠澤의 문文으로써 이루어진다.

제12편　전쟁의 임기응변〔戰權〕

'전권戰權'이란 임기응변의 법을 진술한 것이니, 편 안에 '전권' 두 글자가 있으므로 이를 편명으로 삼은 것이다.

병법이란 천 명에 권변權變(임기응변)을 이루고 만 명에 무용武勇을 이루는 것이니, 권변을 먼저 적에게 가하면 적이 힘으로 우리와 교전하지 못하고, 무용을 먼저 적에게 가하면 적이 무용을 가지고 우리와 접전하지 못한다.

그러므로 군대는 먼저 여기에서 승리하는 것을 귀하게 여기니, 이렇게 하면 저기에서도 승리할 수 있다. 여기에서 승리하지 못하면 저기에서도 승리하지 못한다.

무릇 우리가 가면 적이 오고 적이 오면 우리가 가서 서로 공격하여 승패가 나뉘니, 이는 전쟁하는 이치가 그러한 것이다.

사람의 정성은 신명에 달려있고, 전쟁하는 권변은 병도兵道의 지극함에 달려있다. 있는 것을 없는 것처럼 하고 없는 것을 있는 것처럼 하니, 적이 어떻게 믿을 수 있겠는가.

선왕에게서 전하여 들은 것은, 정직한 사람을 임용하고 간사한 사람을 제거하여 인자함과 순함을 보존해야 하니, 결코 형벌을 지체하는 일이 없어야 한다.

그러므로 도를 아는 자는 반드시 먼저 그칠 줄을 몰라 패하는 전쟁을 생각하여야 하니, 어찌 반드시 공을 세우려고 가볍게 전진하여 싸움을 청하는 일이 있겠는가. 만약 경솔하게 전진하여 싸우려 하다가 적이 도리어 계책을 세워 우리의 살 길을 막으면 적이 승리를 쟁취하게 된다.

그러므로 병법에 이르기를 "적이 싸우고자 하면 따라 싸우고, 적의 허실을 보면 공격을 가해야 하니, 주인의 세력을 감히 당할 수가 없는데도 객(적)이 주인을 능멸하면, 객은 반드시 그 권변을 잃는다." 하였다.

무릇 적에게 빼앗기는 것은 병사들의 사기가 없어서이고, 적을 두려워하는 경우는 지켜내지 못하고, 패배하는 것은 훌륭한 장수가 없어서이다. 군대를 운용하는 데에는 일정한 방도가 없다. 공격함에 의심할 것이 없다고 판단되면 쫓아가 싸우고, 적의 사기를 빼앗아 앞을 가로막을 자가 없다고 판단되면 공격을 가하고, 시야가 밝고 높은 위치에 주둔해 있으면 적에게 위엄을 보여야 하니, 이렇게 하면 군대를 운용하는 도가 지극한 것이다.

말을 삼가지 않고 경박하게 행동하며 남을 능멸하고 범하여 절도가 없으면 반드시 패배한다.

강둑이 터지고 우레가 치듯 신속히 하여 적의 삼군이 혼란한 틈을 타야 한다.

반드시 위태로움을 편안하게 만들고 환란을 제거하여 지모智謀로써 결단하여야 한다.

조정에서 계산하여 승산을 높이고, 장수에게 전권全權을 위임하

며, 국경을 넘어가 전공을 세우고자 하면, 싸우지 않고도 적국을
굴복시킬 수 있다.

제13편 무거운 형벌의 법령〔重刑令〕

'중형령重刑令'이란 행군할 적에 무겁게 형벌하는 법령을 내림을
말한 것이니, 형벌하는 법령이 무거우면 병사들 중에 도망하는 자
가 없다. 편 안에 '중형重刑' 두 글자가 있으므로 이를 편명으로 삼
은 것이다.

천 명 이상의 병력을 거느리는 장수 중에 싸우다가 패배하거나
수비하다가 항복하거나 제자리를 이탈하여 병사들이 도망하게 만
든 자가 있으면 '나라의 적'이라 이름하니, 당사자를 죽이고 집안
을 멸망시키며 이름을 관리의 명부에서 삭제하고 선조의 무덤을
파내어 그 뼈를 시장에 드러내며, 아들과 딸을 관청의 노비奴婢로
삼는다.

백 명 이상의 병력을 거느리는 장수 중에 싸우다가 패배하거나
수비하다가 항복하거나 자기가 지켜야 하는 자리를 이탈하여 병
사들을 도망하게 만든 자가 있으면 '군대의 적'이라 이름하니, 당
사자를 죽이고 집안을 멸망시키고 아들과 딸을 관청의 노비로 삼
는다.

백성들로 하여금 안으로 무거운 형벌을 두려워하게 하면 밖으
로 적을 가볍게 여기게 된다.

그러므로 선왕이 앞에서 제도를 밝히고 뒤에서 위엄과 형벌을

무겁게 시행하였으니, 형벌이 무거우면 안에서 두려워하고 안에서
두려워하면 밖에서 견고해진다.

제14편 오伍의 제도 〔伍制令〕

'오제령伍制令'이란 오伍의 제도에 법령이 있는 것이니, 편 안에
모두 오의 제도를 논하였으므로 이를 편명으로 삼은 것이다.

군중의 법제는 5명을 오伍로 삼아서 오가 서로 보증하고, 10명
을 십什으로 삼아서 십이 서로 보증하고, 50명을 속屬으로 삼아서
속이 서로 보증하고, 100명을 여閭로 삼아서 여가 서로 보증한다.
1오 가운데에 법령을 범하고 금령을 범한 자가 있을 경우, 고발하
면 죄를 면해주고, 알고도 고발하지 않으면 그 오의 구성원 전체
에게 벌을 내린다.

1십 가운데에 법령을 범하고 금령을 범한 자가 있을 경우, 이것
을 고발하면 죄를 면해주고, 알고도 고발하지 않으면 그 십의 구
성원 전체에게 죄를 내리며, 1속 가운데에 법령을 범하고 금령을
범한 자가 있을 경우, 이를 고발하면 죄를 면해주고, 알고도 고발
하지 않으면 그 속의 구성원 전체에게 죄를 내리며, 1려 가운데에
법령을 범하고 금령을 범한 자가 있을 경우, 이것을 고발하면 죄
를 면해주고, 알고도 고발하지 않으면 그 여의 구성원 전체에게
죄를 내린다.

관리는 십장什長 이상으로부터 좌장左將과 우장右將에 이르기까
지 상하가 모두 서로 보증한다. 그리하여 법령을 범하고 금령을

범한 자가 있을 경우, 이것을 고발하면 죄를 면해주고, 알고도 고발하지 않으면 모두 똑같이 죄를 받는다.

십과 오가 서로 굳게 뭉치고 상하가 서로 연결하면 찾아내지 못하는 간사함이 없고 고발하지 않는 죄가 없어서, 아버지가 자기 자식을 사사로이 봐줄 수 없고 형이 자기 아우를 사사로이 봐줄 수 없다. 더군다나 군대는 나라 사람들이 군영에 모여 거주하고 함께 밥을 지어 먹을 뿐이니, 어찌 법령을 범하면서까지 서로 사사로이 봐주는 자가 있겠는가.

제15편 지역을 나누어 요해처를 막는 금령〔分塞令〕

'분새령分塞令'이란 지역을 나누어 요해처를 막아서 왕래하지 못
하게 하는 것이다.

중군中軍과 좌군左軍·우군右軍과 전군前軍·후군後軍이 모두 나누
어 맡은 지역이 있고, 길에 담을 둘러쳐서 서로 왕래하지 못하게
한다. 장將도 지역을 나누어 맡고 수帥도 지역을 나누어 맡고 백伯
도 지역을 나누어 맡게 하여, 모두 자기 진영에 도랑을 설치해서
자기 진영을 벗어나지 못하게 하는 금령을 밝힌다.

가령, 100명의 대원이 아니면 서로 통행하지 못하게 하니, 100명
에 속한 대원이 아닌데 들어온 자는 백장伯長이 주벌하고, 백장이
주벌하지 않으면 백장도 들어온 자와 똑같이 죄를 받는다.

군중에 가로와 세로의 길에는 120보마다 하나씩 기둥을 세우
고, 인원수와 땅을 헤아려 기둥과 길이 서로 바라보게 해서 사람
들의 통행을 금지하고 길을 깨끗이 청소한 다음, 장교의 신표가
있는 자가 아니면 통행하지 못하게 한다.

땔감을 채취하고 꼴을 베고 소와 말을 먹이는 자는 모두 항오行
伍를 이루게 하고, 항오를 이루지 않은 자는 통행하지 못하게 하
니, 신표가 없는 군리軍吏와 대오를 이루지 않은 병사들은 문을 가
로막고 있다가 주벌하고, 자기 분수를 넘어 남의 지역을 침범한

자는 주벌한다. 그러므로 안으로 금령을 범하는 자가 없으면 찾아
내지 못하는 외부의 간사한 자가 없는 것이다.

제16편 속오束伍를 개괄한 법령 〔束伍令〕

'속오령束伍令'이란 대오를 분포(포진)하는 것을 개괄하여 정한 법령이니, 첫머리에 '속오지령束伍之令'이라는 글자가 있으므로 이를 편명으로 삼은 것이다.

속오의 법령에 다음과 같이 말하였다.

"5명을 오伍로 만들어 신표信標 하나를 함께 사용하되 장교의 처소에 모아 보관한다. 자기의 오를 잃고서 적의 오를 노획하면 공과功過를 상쇄하고, 적의 오를 노획하고서 자기의 오를 잃지 않았으면 상이 있고, 자기의 오를 잃고 적의 오를 노획하지 못했으면 당사자는 죽이고 집안은 멸망시킨다.

자기의 장長을 잃고 적의 장을 노획하였으면 공과를 상쇄하고, 적의 장을 노획하고 자기의 장을 잃지 않았으면 상이 있고, 자기의 장을 잃고 적의 장을 노획하지 못했으면 당사자는 죽이고 집안은 멸망시켜야 하지만, 다시 싸울 기회를 주어 적의 수장首長을 노획해오면 죄를 면제한다.

자기의 장수를 잃고 적의 장수를 노획하였으면 공과를 상쇄하고, 적의 장수를 노획하고 자기의 장수를 잃지 않았으면 상이 있고, 자기의 장수를 잃고 적의 장수를 노획하지 못했으면 자기 지역을 떠나 도망한 죄를 적용한다."

전장에서 주벌하는 법에 이르기를 "적과 교전할 적에, 십장什長
은 소속된 열 명을 처벌할 수 있고, 백장伯長은 열 명의 십장을 처
벌할 수 있고, 천 명을 거느리는 장수는 백 명을 거느리는 장수를
처벌할 수 있고, 만 명을 거느리는 장수는 천 명을 거느리는 장수
를 처벌할 수 있고, 좌장군左將軍과 우장군右將軍은 만 명을 거느리
는 장수를 처벌할 수 있고, 대장군은 처벌할 수 없는 자가 없다."
하였다.

제17편 병사를 다스리는 금령〔經卒令〕

　'경졸령經卒令'이란 병사들을 다스리는〔經理〕 금령이니, 첫머리에
'경졸령'이라는 글자가 있으므로 이를 편명으로 삼은 것이다.

　경졸經卒이란 병사들을 다스리는 금령을 가지고 병사들을 나누
어 셋으로 만드는 것이니, 창기蒼旗(푸른 깃발)의 좌군左軍은 청색의
깃털을 머리에 꽂고, 백기白旗의 우군右軍은 백색의 깃털을 머리에
꽂고, 황기黃旗의 중군中軍은 황색의 깃털을 머리에 꽂는다.

　병사들에게는 다섯 가지 휘장徽章이 있으니, 앞의 첫 번째 줄은
청색 휘장이고, 다음 두 번째 줄은 적색 휘장이고, 다음 세 번째
줄은 황색 휘장이고, 다음 네 번째 줄은 백색 휘장이고, 다음 다섯
번째 줄은 흑색 휘장이다.

　병사들에게 다섯 가지 휘장을 나누어 지급하였으면 다음에는
병사들을 관리하여 휘장을 잃은 자에게는 벌을 내린다.

　앞의 첫 번째 다섯 줄은 휘장을 머리에 두고, 다음 두 번째 다섯
줄은 휘장을 목에 두고, 다음 세 번째 다섯줄은 휘장을 가슴에 두
고, 다음 네 번째 다섯 줄은 휘장을 배에 두고, 다음 다섯 번째 다
섯 줄은 휘장을 허리에 둔다.

　이와 같이 하면 병사들은 군리軍吏의 소속이 아닌 자가 없고, 군
리는 병사의 상관이 아닌 자가 없을 것이니, 군리가 병사들의 잘

못을 보고서도 힐문하지 않고 문란한 것을 보고서도 금지하지 않으면 그 죄를 똑같이 처벌한다.

북을 쳐 진군하여 서로 싸울 적에, 앞으로 나아가는 자는 험난함을 무릅쓰는 용감한 자가 되고, 뒷줄에 있으면서 후퇴하는 자는 군대를 욕되게 하는 자가 되니, 다섯 줄을 넘어서 전진하는 자에게는 상이 있고, 다섯 줄을 넘어서 후퇴하는 자에게는 벌이 있다. 이는 전진하고 후퇴하며 먼저 출동하고 늦게 출동하는 데 따른 법령이 관리와 병사들의 공功임을 알게 하려는 것이다.

그러므로 이르기를 "북을 치면 우레와 벼락처럼 전진하고 폭풍우처럼 출동하여, 감히 그 앞을 가로막지 못하고 감히 그 뒤를 따르지 못한다." 하였으니, 다스리는 명령이 있음을 말한 것이다.

제18편　사졸士卒을 다스리는 금령〔勒卒令〕

'늑졸령勒卒令'이란 병사들의 법령을 다스려서 시끄럽게 떠들어 차례를 잃지 않게 하는 것이다.

징과 북과 방울과 깃발 네 가지는 각기 사용하는 방법이 있다. 북을 치면 나아가고 북을 거듭 치면 공격하며, 징을 치면 멈추고 징을 거듭 치면 후퇴한다. 방울은 명령을 전달하는 도구이다. 깃발을 왼쪽으로 휘저으면 군대가 왼쪽으로 가고 오른쪽으로 휘저으면 오른쪽으로 가는데, 기병奇兵은 이와 반대이다.

북을 한 번 치면 한 번 공격하고 왼쪽으로 가며, 북을 한 번 다시 치면 한 번 공격하고 오른쪽으로 가니, 1보에 북을 한 번 치면 걸어가고, 10보에 북을 한 번 치면 종종걸음으로 달려가고, 북소리가 끊이지 않으면 급히 달려간다. 상商의 소리는 장將의 북이고 각角의 소리는 수帥의 북이고 소고小鼓는 백伯의 북이니, 세 북이 함께 울리면 장과 수와 백의 마음이 똑같은 것이다. 기병奇兵은 이와 반대이다.

북소리의 차례를 잃은 자는 벌을 주고, 시끄럽게 떠드는 자는 벌을 주고, 징과 북과 방울과 깃발의 명령을 따르지 않고 행동하는 자는 벌을 준다.

전투하는 법식을 백 명에게 가르쳐서 교육이 이루어지면 천 명에 합치고, 천 명에게 가르쳐서 교육이 이루어지면 만 명에 합치고, 만 명에게 가르쳐서 교육이 이루어지면 삼군에 합치니, 삼군의 무리는 나눔이 있고 합침이 있어서 크게 전투하는 법식을 행한다. 그리하여 교육이 이루어지면 군대를 사열한다.

방형方形의 진陣으로도 승리하고 원형圓形의 진으로도 승리하며, 비스듬히 엇갈린 진으로도 승리하고 험한 곳에 임해서도 승리한다. 적이 산에 있으면 적을 따라 산으로 올라가고, 적이 못에 있으면 적을 따라 물속으로 뛰어들어서, 적을 찾기를 잃은 자식을 찾듯이 하여 적을 따르면서 의심하지 않는다. 그러므로 능히 적을 패퇴시키고 그 목숨을 제재하는 것이다.

계책을 일찍 결단하고 생각을 미리 정해야 하니, 만약 계책을 일찍 정하지 않고 생각을 미리 결단하지 않으면, 진퇴를 결정하지 못해서 의심이 생겨 반드시 패한다.

그러므로 정병正兵은 먼저 출동하는 것을 귀하게 여기고 기병奇兵은 뒤늦게 출동하는 것을 귀하게 여기나, 때로는 기병이 먼저 출동하고 또 때로는 정병이 뒤에 출동하는 것은 적을 제압하는 방법이다.

세상의 장수들 중에 병법을 알지 못하는 자들은 명령을 제멋대로 내리고 먼저 공격하여 용맹을 부리니, 이렇게 하고서 패하지 않는 자는 없다.

거동에 의심할 만한 점이 있는데도 의심하지 않고, 공격하러 갈 적에 자신할 만한 상황이 있는데도 자신하지 못하고, 적에게 도전할 적에 더디게 하거나 빠르게 해야 할 때가 있는데도 상황에 맞춰 더디게 하거나 빠르게 하지 못하니, 이 세 가지는 전투의 우환이 된다.

제19편 대장의 명령〔將令〕

'장령將令'은 대장이 시행하는 명령이니, 명령이 엄격하면 아랫사람들이 명령을 어기지 아니하여 병사들의 마음이 통일되고, 병사들의 마음이 통일되면 적에게서 승리를 쟁취할 수 있다.

장군이 명령을 받는 날, 군주는 반드시 먼저 종묘宗廟에서 신하들과 상의하고 조정에서 명령을 시행한다. 군주가 직접 장군에게 부월斧鉞을 주면서 말하기를 "좌군과 우군과 중군이 모두 분담한 직책이 있으니 만약 자신의 분수를 넘어 위로 청하는 자는 죽이라. 군대에는 두 명령이 없으니 대장 이외에 다른 명령을 내리는 자는 주벌하며, 명령을 묵혀두는 자도 주벌하고, 명령을 그르치는 자도 주벌하라."라고 한다.

부월斧鉞을 가지고 출전出戰하는 모습

장군이 병사들에게 고하기를 "도성문 밖을 나가서 한낮에 진영의 표시를 군문軍門에 설치하고 모이기로 약속하니, 만약 때를 넘기고 늦게 도착하면 군법대로 처벌하겠다."라고 한다.

장군이 진영에 들어가면 군문을 폐쇄하고 길을 청소하는데, 감히 제멋대로 길을 다니는 자가 있으면 주벌하고, 감히 큰소리로 떠드는 자가 있으면 주벌하고, 감히 명령을 따르지 않는 자가 있으면 주벌한다.

제20편 뒤따르는 군대에 대한 명령〔踵軍令〕

'종踵'은 발뒤꿈치가 발 앞꿈치를 따라 이어가는 것이니, '종군踵軍'은 뒤를 이어가는 군대이다. 첫머리에 '종군' 두 글자가 있으므로 이를 편명으로 삼은 것이다.

이른바 종군踵軍이란 본대인 대군과 100리쯤 떨어져 있다가 회전會戰할 자리에 모이기로 약속하여, 3일 동안 먹을 밥을 지어 가지고 대군보다 먼저 출동한다. 전장의 본대와 합류할 장소에 표시 기둥을 설치하고 표시 기둥이 만들어지면 이에 종군을 출발시키되, 병사들에게 연향을 베풀어 전투의 사기를 북돋아 주어야 하니, 이것을 일러 '전쟁할 지역으로 달려가는 자'라 하는 것이다.

흥군興軍은 종군보다 먼저 출동하니, 본대와 합류할 표시 기둥을 설치하면 곧바로 출발하되 대군과의 거리를 곱절쯤 더 떨어지게 해서 종군과 100리쯤 떨어진 거리에 있게 한다.

회전할 장소에서 만나기로 약속하여 6일 동안 먹을 밥을 지어 가지고 가서 전투 준비를 하게 한다. 병사들을 나누어 요해처를 점거하고 있다가 싸워서 승리하면 패주하는 적을 추격하되 군대를 질서정연하게 정돈하여 달려가며, 종군은 후퇴하여 돌아오는 자를 만나면 죽이니, 이른바 '여러 장수의 군대 중 사기四奇(8진陣 가운데 호익虎翼·사반蛇蟠·비룡飛龍·조상鳥翔을 가리킴)의 안에 있는 자가 이긴다.'는 것이다.

군대에는 십十과 오伍가 있고 분산과 집합이 있어서 미리 직책을 분담하여 요새와 관문과 교량을 지키면서 나누어 주둔하고 있다가, 전투가 벌어져 표시 기둥이 설치되면 즉시 모두 집합한다. 대군은 날짜를 계산하여 밥을 지어 가지고 출발하되 반드시 전쟁 도구를 갖추게 하며, 각 군이 모두 대장의 명령을 따라 출동하고 명령을 따르지 않는 자에게는 주벌誅罰을 내린다.

무릇 분새分塞(요해처)라고 칭해지는 곳은, 사방 국경 안에 흥군과 종군이 이미 출동하였으면 사방 경내의 백성들이 통행하지 못하게 한다.

왕의 명령을 받들어 신표를 받아 소지한 자를 이름하여 '직무를 수행하는 관리'라 하니, 직무를 수행하는 관리가 아니면서 통행하는 자는 주벌한다. 전쟁이 벌어져 표시 기둥이 설치되면, 직무를 수행하는 관리가 마침내 출행하여 신표를 가지고 서로 참조한다. 그러므로 전투하고자 하면 먼저 진영을 안정시켜야 하는 것이다.

제21편 군사 교육 상上〔兵敎 上〕

'병교兵敎'란 군대를 가르치는 방법이니, 그 내용이 많으므로 나누어 상·하 두 편으로 만들었다.

군대를 가르치는 명령은, 진영을 나누어 주둔하면서 명령이 없이 제멋대로 나가고 물러가는 자는 가르침을 범한 죄와 똑같이 처벌한다.

앞줄에 있는 자는 앞줄의 장長이 가르치고, 뒷줄에 있는 자는 뒷줄의 장이 가르치며, 왼쪽 줄에 있는 자는 왼쪽 줄의 장이 가르치고, 오른쪽 줄에 있는 자는 오른쪽 줄의 장이 가르쳐서, 가르침이 한 오伍의 다섯 명에게 모두 시행되었으면 그 우두머리에게 상이 있고, 제대로 가르치지 못했으면 가르침을 범한 죄와 똑같이 처벌한다.

법령을 범한 경우는 스스로 자기 대오의 잘못을 고발해야 하고, 대오 안에서 서로 고발하면 그 죄를 면하게 한다.

무릇 대오가 전장戰場에 임할 적에, 만약 적에게 달려가 결사적으로 싸우지 않는 자가 한 명이라도 있으면, 그를 가르친 자를 법을 범한 자와 똑같은 죄로 처벌한다.

무릇 십什은 십을 보증하여 만약 한 사람을 잃었는데 아홉 명이 적에게 달려가 사력을 다해 싸우지 않았으면 이들을 가르친 자도 법을 범한 자와 똑같은 죄로 처벌하며, 십 이상으로 비장裨將에 이르기까지 만약 법과 같이 하지 않는 자가 있으면 이들을 가르친 자도 법을 범한 자와 똑같은 죄로 처벌한다.

무릇 형벌을 분명하게 시행하고 상을 바르게 내리는 것은 반드시 군대를 가르치는 법식에 달려있다.

장수는 각자 깃발을 달리하고 병졸은 각자 휘장을 달리하며, 좌군은 왼쪽 어깨에 휘장을 달고 우군은 오른쪽 어깨에 휘장을 달고 중군은 가슴 앞에 휘장을 달되, 휘장에 쓰기를 '아무 갑甲(대오) 아래 아무 사士'라 한다. 앞뒤의 휘장이 각각 다섯 줄이니, 높은 휘장은 머리 위에 달고 그 다음은 차등을 두어 내려온다.

오장伍長이 자기 부하의 병졸 네 사람을 가르치되, 판자를 북으로 삼고 기왓장을 징으로 삼고 막대기를 깃발로 삼아서, 북을 치면 전진하고 깃발을 낮추면 달려가고 징을 치면 후퇴하며, 깃발을 왼쪽으로 휘저으면 왼쪽으로 가고 깃발을 오른쪽으로 휘저으면 오른쪽으로 가며, 징과 북을 함께 치면 싸움을 멈추고 앉게 한다.

오장의 가르침이 이루어졌으면 이들을 십장什長에게 합치고, 십장의 가르침이 이루어졌으면 이들을 졸장卒長에게 합치고, 졸장의 가르침이 이루어졌으면 이들을 백장伯長에게 합치고, 백장의 가르침이 이루어졌으면 이들을 병위兵尉에게 합치고, 병위의 가르침이 이루어졌으면 이들을 비장裨將에게 합치고, 비장의 가르침이 이루어졌으면 이들을 대장에게 합친다.

그리하여 대장의 가르침이 이루어졌으면 들판에 진영을 설치하고, 큰 표시 기둥을 300보마다 하나씩 세웠다가 진영의 설치가 끝나면 표시 기둥을 제거하며, 100보에서 결전하고 100보는 종종걸음으로 달려가고 100보는 치달려가서 전투하는 방법을 익혀 절도를 이루었으면, 이에 따라 상벌을 내린다.

위리尉吏 이하로 모두 자기 깃발이 있어서, 싸워 승리하여 적의 깃발을 얻은 자는 각각 그 얻은 바의 관작에 따라 상을 내려 권장함을 밝힌다.

전쟁의 승리는 군대의 위엄을 세움에 달려있고, 위엄을 세움은 병사들이 힘을 다함에 달려있고, 병사들이 힘을 다함은 형벌을 올바르게 시행함에 달려있으니, 형벌을 올바르게 시행하는 것은 상을 분명히 시행하는 것이다.

병사들로 하여금 도성문의 문지방을 등지고 사생을 결단하여 죽게 하는데도 마음에 의심하지 않는 것은 이유가 있는 것이다.

수비하는 자들로 하여금 반드시 견고히 지키고 전투하는 자들로 하여금 반드시 용감하게 싸우게 하며, 간악한 계책이 일어나지 않고 간사한 병사들이 간사한 말을 하지 못하며, 명령이 제대로 행해져 변경되지 않고 군대가 출동함에 의심하지 않으며, 번개처럼 빠르게 출동하여 우렛소리에 놀란 것처럼 분발하여 적을 공격한다. 공이 있는 자를 들어 천거하고 덕이 있는 자를 흑백처럼 분명하게 분별하여, 병사들로 하여금 윗사람의 명령을 사지四肢가 마음에 응하는 것처럼 잘 따르게 한다.

먼저 출동한 부대가 적의 행렬을 끊고 적진을 어지럽혀서 견고한 적진을 무너지는 둑처럼 파괴하는 것은 이유가 있는 것이다. 이를 일러 '군대를 가르치는 법'이라 하니, 이것으로 국경을 개척 하고 사직社稷을 수호하며 환란과 폐해를 제거하여 무덕武德을 이 룬다.

제22편   군사 교육 하下〔兵敎 下〕

내 들으니, '군주에게는 필승의 방도가 있다. 그러므로 광대한 영토를 겸병하여 제도를 통일할 수 있으면 위엄이 천하에 가해지는 것이니, 여기에는 열두 가지 일이 있다.'라고 한다.

첫 번째는 연좌하여 형벌하는 것이니, 죄를 똑같이 처벌하여 병사들로 하여금 오伍를 보증하게 함을 이른다.

두 번째는 지역의 통행을 금지하는 것이니, 다니는 길에 통행을 금지하여 외부의 간사한 자들을 잡아들임을 이른다.

세 번째는 전군全軍이니, 오伍의 우두머리가 서로 친히 따르고 3명과 5명이 서로 화합하여 자기 대오를 굳게 맺음을 이른다.

네 번째는 길을 열고 막는 것이니, 지역을 나누어 통행에 제한을 두어서 각각 그 직책에 따라 목숨을 바쳐 굳게 지킴을 이른다.

다섯 번째는 수비의 한계를 나눔이니, 좌우가 서로 외부인의 통행을 금지하고 앞뒤가 서로 대기하며 수레를 진영에 담처럼 둘러놓아 견고하게 만들어서, 이로써 적을 맞이하고 이로써 숙영宿營함을 이른다.

여섯 번째는 호칭으로 구별함이니, 앞에 있는 대열은 힘써 전진하여 뒤에 있는 대열과 구별해서, 앞뒤 대열이 적의 성에 먼저 올라가려고 서로 다투어 차례를 잃지 않게 함을 이른다.

일곱 번째는 병사들에게 다섯 가지 휘장을 사용하게 하는 것이
니, 행렬을 분명하게 하여 병사들로 하여금 혼란하지 않게 함을
이른다.

여덟 번째는 부대를 온전히 함이니, 부대를 나누어 왕래함에 모
두 자신이 소속된 부대가 있게 하는 것이다.

아홉 번째는 징과 북
을 치는 것이니, 사공事
功을 일으키고 덕을 이
루게 함을 이른다.

열 번째는 전차戰車를
진열함이니, 전차의 앞
에 창을 연결해 끊기지
않게 하고 말의 눈을 가
려 놀라지 않게 함을 이
른다.

전차戰車

열한 번째는 결사적으로 싸우는 전사를 등용하는 것이니, 병사
들 가운데에 재주와 지혜가 있는 자를 전차에 태워 전후로 종횡하
면서 기이한 계책을 내어 적을 제압하게 함을 이른다.

열두 번째는 강력한 병사를 등용하는 것이니, 깃발을 정돈하고
부대를 온전히 하여 장수가 지휘하지 않으면 멋대로 움직이지 않
음을 이른다.

이상 열두 가지의 가르침이 이루어지면 법령을 범한 자를 용서

하지 않아야 한다. 이렇게 하면 약한 군대를 강하게 만들 수 있고, 실추된 군주의 위세를 높일 수 있고, 피폐해진 호령을 일으킬 수 있고, 이리저리 떠돌아다니는 백성들을 친애할 수 있고, 많은 백성을 다스릴 수 있고, 크고 넓은 땅을 지킬 수 있어서, 국도國都의 수레가 도성문을 나가지 않고 갑옷을 보자기에서 꺼내지 않더라도, 위엄이 천하를 복종시킬 수 있다.

군대에는 다섯 가지 바침이 있으니, 장수가 되면 집안을 잊고, 국경을 넘어가면 어버이를 잊고, 적진을 향하면 자신을 잊고, 필사의 각오로 싸우면 다행히 살 수도 있고, 급히 승리하려 하면 자신을 겸손히 낮춰야 한다.

백 명이 칼날을 무릅쓰고 싸우면 적의 항렬을 무너뜨리고 적진을 혼란시킬 수 있으며, 천 명이 칼날을 무릅쓰고 강력히 싸우면 적을 사로잡고 적장을 죽일 수 있으며, 만 명이 칼날을 무릅쓰고 강력히 싸우면 천하를 종횡으로 치달릴 수 있다.

무왕武王이 태공망太公望에게 묻기를

"내가 간첩을 적게 쓰고 인재를 등용하는 요점을 지극히 하고자 하노라."

하니, 태공망이 대답하였다.

"상賞은 산에 오른 것처럼 만인이 우러러보게 하고, 벌은 계곡에 들어간 것처럼 만인이 두려움을 품게 해야 합니다. 제일 좋은 것은 허물이 없는 것이고, 그 다음은 허물을 잘 보전하는 것입니다. 병사들로 하여금 은밀히 윗사람을 비난하지 못하게 하며, 대장이 벌을 주는데 벌을 주지 말 것을 청하는 자도 사형에 처하고, 대장이 상을 주는데 상을 주지 말 것을 청하는 자도 사형에 처해야 합니다. 적국을 정벌할 적에는 반드시 적국의 변란을 이용하여야 하며, 재물을 보여주어 적의 곤궁함을 관찰하고, 우리의 피폐함을 보여주어 적의 피폐함을 관찰하여야 하니, 윗사람이 어그러지고 아랫사람이 흩어지면, 이 틈을 타서 적을 공격할 수 있습니다."

무릇 군대를 일으킬 적에는 반드시 내외의 권변權變을 살펴서, 공격하러 가는 곳에 적병의 대비가 갖춰졌는지 혹은 허술한지와 양식이 충분한지 혹은 부족한지를 헤아리며, 나가고 들어오는 길을 자세히 비교해야 하니, 그런 뒤에 군대를 일으켜 어지러운 나라를 정벌하면 반드시 손에 넣을 수 있다.

땅은 넓은데 성이 작은 곳은 반드시 먼저 땅을 점령하고, 성은 큰데 땅이 좁은 곳은 반드시 먼저 성을 공격하며, 땅은 넓은데 백성이 적은 곳은 좁은 요해처를 차단하고, 땅은 좁은데 백성이 많은 곳은 토성土城을 쌓아 적진을 굽어보아야 한다.

그리하여 유리한 조건을 잃지 말고 농사철을 빼앗지 말며, 우리의 정사를 너그럽게 하고 백성들의 생업을 공평하게 하고 피폐함을 구제하면, 천하에 정사를 베풀 수 있다.

지금 전국戰國의 제후들은 서로 침공하는 데 혈안이 되어, 큰 나라가 덕이 있는 나라를 정벌하고, 5명의 오伍로부터 25명의 양兩에 이르고 양으로부터 2,500명의 사師에 이르기까지 그 호령이 통일되지 못하여 대부분 민심을 안정되게 하지 못하고 교만과 사치만을 숭상하며, 환란을 만들어 송사訟事를 다스리게 하고 하급 관리로 하여금 송사하는 일을 분변하게 하니, 이것이 폐해가 되어 장차 패하게 될 것이다.

해가 저물고 갈 길이 멀며 또 병사들의 사기가 꺾여 있는데, 군대가 출동한 지 오래되어 지치고 장수가 탐욕스러워서 다투어 노략질하면 패하기 쉽다.

무릇 적의 장수가 경솔하고 보루가 낮고 병사들이 동요하고 있으면 공격할 수 있고, 적의 장수가 신중하고 보루가 높고 병사들이 두려워하는 마음을 품고 있으면 포위할 수 있다.

무릇 적의 성을 포위할 적에는 반드시 작은 이익을 보여주어 점점 쇠약하게 만들면 적이 음식을 아끼고 절약하여 배불리 먹지 못하다가 반란을 생각하는 자가 있을 것이다.

병사들이 밤중에 서로 공격하는 것은 놀랐기 때문이요, 병사들이 일을 회피하는 것은 마음이 이반되었기 때문이며, 남의 구원을 기다려서 싸우기로 약속하였으나 병사들이 위축되어 있는 것은 모두 전투할 마음을 잃고 사기가 떨어진 것이니, 사기가 떨어지면 군대가 패하고, 한쪽으로만 계책을 세우면 나라가 패망하게 된다.

제23편 용병의 금령 상上 〔兵令 上〕

'병령兵令'이란 용병의 금령이니, 편 가운데에 '병유상령兵有常令'
이라는 말을 취하여 이 가운데 두 글자를 따서 편명으로 삼은 것
이다.

병기는 흉악한 기물이고, 전쟁은 패역의 덕이다. 일에는 반드시
근본이 있어야 하므로 왕자는 포악하고 혼란한 나라를 정벌할 적
에 인의仁義에 근본한다. 그런데 전국戰國의 제후들은 위엄을 세우
고 적에게 항거하는 것을 서로 숭상하여 전쟁을 중지하지 못한다.

병兵은 무武를 버팀목으로 삼고 문文을 종자로 삼아서, 무가 표
면이 되어 적의 침략을 막고 문이 이면이 되어 병사들을 어루만지
니, 이 두 가지를 잘 살필 수 있으면 승패를 알 것이다.

문은 이해를 살피고 안위를 분변하는 것이요, 무는 강한 적을
범하고 공격과 수비를 힘쓰는 것이다.

병사들의 마음이 전일하면 승리하고 이산되면 패하며, 포진한
것이 치밀하면 견고하고 진영을 방어하는 칼날이 엉성하면 적이
공격해오며, 병사들이 자기 장수를 적보다 더 두려워하면 승리하
고 병사들이 적을 자기 장수보다 더 두려워하면 패한다.

자기 장수를 적장과 저울질해보면 승패를 알 수 있으니, 장수의
성품이 편안하고 침착하면 군대가 안정되고, 장수의 성품이 포악

하고 급하면 군대가 혼란하다.

군대를 출동시켜 병력을 진열할 적에 일정한 명령이 있고, 대오의 성글고 **빽빽함**에 일정한 법칙이 있고, 선후의 차례에 마땅함이 있어야 하니, 일정한 명령이라는 것은 패주하는 적을 추격하고 적의 성읍을 습격할 적에 사용하는 것이 아니다. 군대의 앞뒤가 차례를 잃으면 잘못되니, 병사 중에 앞뒤를 혼란시키는 자가 있으면 참형에 처하여야 한다.

평상시의 진영은 모두 적을 향하는데 안을 향하는 진영과 밖을 향하는 진영이 있으며, 서있는 진영과 앉아있는 진영이 있으니 안을 향하는 것은 자기 중앙을 돌보기 위한 것이고 밖을 향하는 것은 밖의 적을 대비하기 위한 것이며, 서있는 것은 행군하기 위한 것이고 앉아있는 것은 멈추어 휴식하기 위한 것이다.

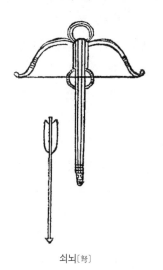

쇠뇌[弩]

서있는 진영과 앉아있는 진영이 서로 섞여 행군하고 휴식하며, 장수는 그 가운데 자리하여 주재主宰한다. 앉아있는 군대는 검과 도끼를 잡고 서있는 군대는 창과 쇠뇌를 잡으며, 장수는 중앙에 자리하여 주재한다.

적을 잘 제어하는 자는 먼저 정병正兵으로 적을 맞아 싸운 뒤에 기병奇兵으로 막으니, 이것이 필승의 방법이다.

부월斧鉞을 진열하고 깃발과 휘장을 아름답게 꾸며서, 공이 있으면 반드시 상을 내리고 법령을 범하면 반드시 죽여야 한다. 그리하여 존망과 사생이 장수의 북채 끝에 달려있게 하여야 하니, 이렇게 하면 비록 천하에 용병을 잘하는 자가 있더라도 이를 막아내지 못할 것이다.

쏘는 화살이 아직 서로 미치지 않았고 긴 칼날이 아직 서로 접하지 않았을 적에, 앞에서 떠드는 것을 '허세虛勢'라 이르고 뒤에서 떠드는 것을 '실세實勢'라 이르고 떠들지 않는 것을 '비밀스럽다'라고 이르니, 허와 실은 용병의 본체이다.

제24편 용병의 금령 하下〔兵令 下〕

종주국의 대군과 멀리 떨어져 있으면서 일선에서 방어 대비를 하는 자는 변방 고을의 제후諸侯들이니, 각각 서로 3리와 5리쯤 떨어져 있다가 대군이 온다는 소식을 들으면 앞에서 대비를 하되, 전투를 하게 되면 모든 사람의 통행을 금지하니, 이는 진영의 안을 편안히 하기 위한 것이다.

내지에서 복무하던 병사가 수자리하러 나가면, 장교에게 깃발과 북과 창과 갑옷을 지급하게 한다. 출발하는 날에 장교보다 뒤늦게 고을의 경계를 나가는 자는 복무지역에 뒤늦게 도착한 법으로 무겁게 처벌한다. 병사는 변방 수자리에 1년 동안 복무하는데, 교대를 기다리지 않고 도망한 자는 도망죄로 다스리니, 부모와 처자가 이 사실을 알았으면 죄를 함께 묻고, 몰랐으면 용서한다.

병사가 장교보다 뒤늦게 출발하여 대장이 있는 곳에 하루 늦게 도착하였으면 부모와 처자에게도 모두 똑같이 죄를 묻고, 병사가 도망하여 집으로 돌아온 지 하루가 지났는데도 부모와 처자가 잡아두거나 고발하지 않았으면, 이들에게도 똑같이 죄를 묻는다.

어떤 전투에서든 싸우다가 자기 소속의 장교를 잃은 자와 장교가 병사를 버리고 홀로 도망한 자는 모두 참형에 처한다. 선두 부대의 장교가 자기 병사들을 버리고 도망하였는데, 후미 부대의 장교가 그의 목을 베고 그의 병사들을 자신의 휘하로 거둬들이면 상을 내리며, 군공軍功이 없는 자는 3년 동안 변방에서 복무시킨다.

삼군三軍이 크게 싸우다가 만약 대장이 죽었으면, 수하에 500명 이상을 거느린 장교 중에 적과 결사적으로 싸우지 않은 자는 참형에 처하고, 대장大將의 좌우와 측근에 있는 자로서 진중陣中에 있던 자는 모두 참형에 처한다. 나머지 병사들의 경우, 군공이 있는 자는 1계급을 강등하고 군공이 없는 자는 변방에서 3년 동안 복무시킨다.

싸우다가 같은 오의 대원이 실종되었거나 전사하였는데, 그의 시체를 찾지 못했으면 같은 오의 대원들의 공을 모두 박탈하며, 시체를 찾았으면 죄를 모두 용서한다.

군대의 이롭고 해로움은 나라의 이름과 실제에 달려있으니, 지금 병사들의 이름은 관청에 기록되어 있으나 실제는 집안에 있어서 관청에서는 그 실제를 얻지 못하고 집안에서는 그 이름을 얻지 못한다. 병사들을 모아 군대를 조직할 적에 빈 이름만 있고 실제가 없어서 밖으로는 적을 막아내지 못하고 안으로는 나라를 지켜내지 못하니, 이 때문에 군대는 인원이 부족하고 장수는 위엄을 상실하는 것이다.

나는 생각하건대, 지금 병사 중에 도망하여 집으로 돌아간 자가 있으면 같은 숙소에 있는 오의 대원과 그의 상관이 벌로 나라에 '군실軍實'이라는 양식을 바쳐 용서받으니, 이는 한 병사의 이름으로 두 번 실제의 지출이 있는 것이다. 이로써 나라 안의 재정을 텅 비게 만들어 저절로 백성(병사)들이 써야 할 한 해의 재정을 고 갈시키니, 패주하는 화를 어찌 면할 수 있겠는가.

지금 법으로써 병사들이 달아나 돌아가는 것을 그치게 하고 전 투에서 도망하는 것을 금지할 수 있으면, 이는 군대의 첫 번째 승 리할 수 있는 방법이요, 십什과 오伍가 서로 연합하여 전투에 나아 갔을 적에 병사와 군리軍吏가 서로 구원하게 하면, 이는 군대의 두 번째 승리할 수 있는 방법이요, 장수가 위엄을 세우고 병사들이 통 제를 잘 따라서 호령이 분명하고 믿을 수 있으며 공격과 수비가 모 두 법도에 맞으면, 이는 군대의 세 번째 승리할 수 있는 방법이다.

내가 듣건대, '옛날에 용병을 잘하는 자는 병사들을 통제할 적 에 명령에 따르지 않는 자들을 엄벌에 처하여 병사의 절반을 죽였 고, 그 다음은 10분의 3을 죽였고, 그 아래는 10분의 1을 죽였으 니, 그 절반을 죽인 자는 위엄이 온 나라 안에 가해졌고, 10분의 3을 죽인 자는 힘이 제후에게 가해졌고, 10분의 1을 죽인 자는 명 령이 병사들에게 행해졌다.' 하였다.

그러므로 말하기를 "백만의 무리가 장수의 명령을 따르지 않으 면 만 명이 싸우는 것만 못하고, 만 명의 무리가 명령을 따르지 않으면 백 명이 분발하여 공격하는 것만 못하다." 하였다. 해와 달 처럼 분명하게 상을 내리고, 사시四時가 운행하는 것처럼 확실하게 믿게 하며, 부월처럼 과단성 있게 명령하고, 간장干將이라는 명검名 劍처럼 예리하게 통제하여야 하니, 이렇게 하는데도 병사들이 명 령을 따르지 않는다는 말을 나는 듣지 못하였다.

이위공문대
李衛公問對

상권上卷

태종太宗이 물었다.

"고려高麗(고구려)가 자주 신라新羅를 침략하기에 짐이 사신을 보내어 타일렀으나, 조명詔命을 받들지 않으므로 장차 토벌하려 하니, 어찌해야 하는가?"

이정李靖이 대답하였다.

"탐문해보건대, 개소문蓋蘇文(연개소문, 미상~665경)이 스스로 병법을 안다고 믿고 중국이 토벌하지 못할 것이라고 생각하여 황명을 어기는 것이 분명하니, 신이 3만 명의 군대로 그를 사로잡겠습니다."

태종이 물었다.

"병력이 적고 지역이 멀리 떨어져 있으니, 무슨 방법으로 대응하려는가?"

이정이 대답하였다.

"신은 정병正兵을 사용하겠습니다."

태종이 물었다.

"돌궐突厥을 평정할 때에는 기병奇兵(유격 부대)을 사용하였는데, 지금 정병을 말함은 어째서인가?"

이정이 대답하였다.

제갈량諸葛亮

"제갈량諸葛亮(181~234)이 맹획孟獲을 일곱 번 풀어 주었다가 일곱 번 사로잡은 것은 다른 방도가 없었고, 정병을 사용했을 뿐입니다."

태종이 말하였다.

"진晉나라 마륭馬隆이 양주涼州를 토벌할 적에도 이 팔진도八陣圖에 의거하여 편상거偏箱車를 만들어서, 넓은 지역에서는 녹각거鹿角車를 사용하여 대오를 편성하고 길이 좁으면 나무로 만든 지붕을 수레 위에 설치하여 싸우면서 전진하였으니, 참으로 정병은 고인들이 소중히 여긴 것이다."

이정이 대답하였다.

"신이 돌궐을 토벌할 적에 서쪽으로 수천 리를 행군하였으니, 만약 정병이 아니었다면 어찌 먼 곳에 갈 수 있었겠습니까. 편상거와 녹각거는 군대의 큰 요점입니다. 한편으로는 힘을 다스리고 한편으로는 앞에서 막고 한편으로는 군대를 단속하여 세 가지를 번갈아 사용하였으니, 마륭이 옛 병법을 체득한 것이 이처럼 깊었습니다."

태종이 물었다.

"짐이 수隋나라의 장수 송로생宋老生(미상~617)을 격파할 적에 처음 교전에 우리 의병義兵이 다소 퇴각하였는데, 짐이 직접 철기병 鐵騎兵을 이끌고 남쪽 언덕에서 달려 내려가 횡으로 돌격하자, 송 로생 군대의 뒤가 끊겨서 크게 궤멸하였다. 이에 그를 사로잡았으 니, 이것은 정병正兵의 공인가? 기병奇兵의 공인가?"

이정이 대답하였다.

"폐하께서는 하늘이 낸 성무聖武이시니, 배워서 능한 분이 아닙 니다. 신이 살펴보건대, 병법은 황제黃帝 이래로 정병을 먼저 하고 기병을 뒤에 하였으며, 인의仁義를 먼저 하고 임기응변과 속임수를 뒤에 하였습니다.

또 곽읍霍邑의 전투에 군대가 대의大義로 출동한 것은 정병이요, 이건성李建成(589~626)이 말에서 떨어지자 우군右軍이 조금 퇴각한 것은 기병이었습니다."

태종이 물었다.

"그때 정병인 우군右軍이 조금 퇴각하여 거의 대사를 망칠 뻔하 였는데, 어찌하여 우군을 기병이라고 말하는가?"

이정이 대답하였다.

"무릇 군대는 앞으로 향하는 것을 정병이라 하고, 뒤로 퇴각하 는 것을 기병이라 합니다. 또 우군이 퇴각하지 않았으면 송로생이 어찌 싸우러 왔겠습니까. 병법에 이르기를 '적에게 이익을 보여주 어 유인하고 적이 혼란한 틈을 타서 취한다.' 하였으니, 송로생이 병법을 알지 못하면서 용맹을 믿고 급히 전진하였다가 뜻밖에 뒤 가 끊겨서 폐하께 사로잡혔으니, 이것이 이른바 '기奇를 정正으로 삼았다.'는 것입니다."

태종이 말하였다.

"한 무제漢武帝 때에 곽거병霍去病(B.C. 140~B.C. 117)이 은연중 손자孫子·오자吳子와 부합했다고 하였는데, 참으로 이러한 경우가 있는가 보다. 우군이 퇴각할 적에 고조高祖(이연李淵, 566~635)께서 놀라 얼굴이 흙빛이 되셨는데, 짐이 분발하여 공격해서 도리어 우리의 이익이 되어 손자·오자와 은연중 부합하였으니, 경卿은 실로 이치를 아는 말을 하는구나."

태종이 물었다.

"무릇 군대가 퇴각하는 것을 다 기병이라고 말하는가?"

이정이 대답하였다.

"그렇지 않습니다. 군대가 퇴각할 적에 깃발이 무질서하여 가지런하지 못하고, 북소리가 크고 작아 서로 응하지 못하며, 장수가 호령을 내리는데도 병사들이 시끄럽게 떠들어서 통일되지 못하면, 이것은 패한 군대이지 기병이 아닙니다. 만약 깃발이 가지런하고 북소리가 서로 응하며 호령이 한결같으면서도 군대가 무질서한 듯이 보이면, 적이 비록 후퇴하여 도망하더라도 참으로 패한 것이 아니요 반드시 기병의 매복이 있는 것입니다. 병법兵法에 이르기를 '거짓으로 패주하는 자는 추격하지 말라.' 하였고, 또 이르기를 '능하거든 능하지 못한 것처럼 보이라.' 하였으니, 모두 기병을 말한 것입니다."

태종이 말하였다.

"곽읍의 전투에서 우리 우군이 조금 퇴각한 것은 천명天命이고, 송로생이 사로잡힌 것은 인사人事일 것이다."

이정이 말하였다.

"만약 정병을 바꾸어 기병으로 만들고 기병을 바꾸어 정병으로 만들어 적으로 하여금 우리의 기병과 정병의 형체를 헤아릴 수 없게 하지 않는다면, 어떻게 승리할 수 있었겠습니까. 그러므로 용병을 잘하는 자는 기병과 정병을 오묘하게 운용할 뿐, 변화하여 신묘하게 하는 것은 하늘에 미루는 것입니다."

이에 태종이 고개를 끄덕였다.

태종이 물었다.

"기병과 정병은 평소에 나누는 것인가? 싸울 때에 임박하여 만드는 것인가?"

이정이 대답하였다.

"조조曹操(155~220)의 《신서新書》를 살펴보니 이르기를 '우리가 2군이고 적이 1군이면 한 부대를 정正으로 삼고 한 부대를 기奇로 삼으며, 우리가 5군이고 적이 1군이면 세 부대를 정으로 삼고 두 부대를 기로 삼는다.' 하

조조曹操

손무孫武

였으니, 이것은 기와 정의 대략을 말한 것입니다.

오직 손무孫武가 말하기를 '싸우는 형세는 기병과 정병에 지나지 않으니, 기병과 정병의 변화를 이루 다할 수가 없다. 기병이 정병을 내고 혹 정병이 기병을 내어 끝없이 순환하니, 누가 이것을 다할 수 있겠는가.' 하였으니, 이 말이 맞습니다. 어찌 평소에 기병과 정병을 나눌 수 있겠습니까.

만약 병사들이 장수인 나의 군법을 익히지 못하고, 편장偏將과 비장神將이 나의 명령을 숙달하지 못하면, 반드시 두 부대를 만들어서 전투를 가르칠 적에 각각 해당하는 깃발과 북소리를 알아서 번갈아 서로 나누고 합치게 해야 합니다. 그러므로 병법에 '나누고 합치는 것을 변화로 삼는다.' 하였으니, 이것이 전투를 가르치는 방법입니다. 훈련이 끝나서 병사들이 나의 군법을 안 뒤에는, 양떼를 모는 것처럼 하여 내가 지시하는 바를 따르게 할 수 있으니, 어찌 기병과 정병의 분별을 나누겠습니까.

손무가 말한 '적에게 허虛와 실實, 기奇와 정正의 형세(형체)를 드러내어 보이되 우리는 실제로 형체가 없다.'는 것이 바로 기병과 정병의 극치입니다. 이 때문에 평소 군대를 기와 정으로 나누는 것은 병사들을 훈련시키는 것이요, 싸울 때에 임박해서 변화를 주어 적이 예측하지 못하게 하는 것은 이루 다할 수 없는 기·정의 방도입니다."

태종이 말하였다.

"깊고 깊다. 조조가 반드시 이것을 알았을 것이다. 《신서》는 여러 장수들에게 가르쳐준 것일 뿐이요, 기·정의 본래 법이 아닐 것이다."

태종이 물었다.

"조조가 이르기를 '기병이 옆에서 방비하지 않는 적을 공격한다.'고 하였으니, 경은 어떻게 생각하는가?"

이정이 대답하였다.

"신이 살펴보건대, 조조가 《손자》에 주註하기를 '먼저 나와서 적과 교전하는 것이 정병이요 뒤에 나오는 것이 기병이다.' 하였으니, 이것은 '옆에서 공격한다.'는 말과는 다릅니다.

어리석은 신臣은 생각건대 큰 병력으로 적과 전투를 벌이는 것은 정병이요, 장군이 직접 데리고 출동하는 것은 기병이라고 여기니, 어찌 기병이 뒤에 나오고 옆에서 공격하는 것이라고 고집할 것이 있겠습니까."

태종이 말하였다.

"우리의 정병을 적이 보고서 기병이라고 오판하게 하고, 우리의 기병을 적이 보고서 정병이라고 오판하게 하는 것이 이른바 '형체를 남에게 드러내어 보인다.'는 것이리라. 기병을 정병으로 삼고 정병을 기병으로 삼아서 변화를 주어 헤아릴 수 없게 하는 것이 이른바 '형체가 없게 한다.'는 것이리라."

이정이 재배再拜하고 말하였다.

"폐하의 신성함은 옛사람보다도 크게 뛰어나시니, 신이 미칠 바가 아닙니다."

태종이 물었다.

"군대를 나누고 합침을 변變으로 삼는다면, 기병과 정병이 어디에 있는가?"

이정이 대답하였다.

"용병을 잘하는 자는 거느린 군대가 정병 아닌 것이 없고 기병 아닌 것이 없어서, 적으로 하여금 헤아리지 못하게 합니다. 그러므로 정병으로도 승리하고 기병으로도 승리하는 것입니다. 삼군의 병사들이 다만 승리하는 것만 알고 승리하는 이유를 알지 못하니,

오기吳起

변화에 통달한 자가 아니면 어찌 여기에 이르겠습니까. 나누고 합침을 내는 것은 오직 손무만이 능하였고, 오기吳起 이하는 여기에 미칠 수 없습니다."

태종이 물었다.

"오기의 방법은 어떠한가?"

이정이 대답하였다.

"신이 간략히 말씀드리겠습니다. 위魏나라 무후武侯(B.C. 424~B.C. 370)가 오기에게 피아彼我의 양군이 서로 대치하는 방법을 묻자, 오기가 대답하기를 '신분이 미천하면서 용감한 자로 하여금 앞에서 공격하게 하되, 처음 교전에 패하여 달아나게 하고 적이 추격해 오는 것을 살펴야 합니다. 적군이 한 번 앉고 한 번 일어남에 규율이 있으며 패하는 우리를 추격할 적에 거짓으로 미치지 못하는 것처럼 하고 이익으로 유인해도 모르는 것처럼 하면 적장에게 지모가 있는 것입니다.

만약 적들이 병력을 총동원하여 패주하는 우리를 추격하는데, 행군하고 멈추는 것이 혼란스러워 질서가 없으면, 이는 적장이 재주가 없는 것이니, 의심하지 말고 공격해야 합니다.'라고 하였습니다. 신은 오기의 방법이 대체로 이와 같으니, 손무가 말한 정병으로 전투를 벌이는 방법이 아니라고 생각합니다."

태종이 물었다.

"경의 외숙인 한금무韓擒武(538~592)가 일찍이 말하기를 '경과는 함께 《손자》와 《오자》를 논할 수 있다.' 하였으니, 이 또한 기병과 정병을 말한 것인가?"

이정이 대답하였다.

"한금무가 어찌 기병과 정병의 극치를 알겠습니까. 다만 기병을 기병으로 여기고 정병을 정병으로 여길 뿐이니, 기와 정이 서로 변통해서 끝없이 순환함을 전혀 모르는 자입니다."

태종이 물었다.

"옛사람들은 적진을 만나면 기이한 계책을 내어서 적이 예상하지 못한 곳을 공격하였으니, 이 또한 서로 변화시키는 방법인가?"

이정이 대답하였다.

"고대의 전투는 대부분 작은 계책으로 계책이 없는 자를 이겼고, 조금 우월한 것으로 열등한 자를 이겼으니, 이것으로 어떻게 병법을 논할 수 있겠습니까. 동진東晉의 사현謝玄(343~388)이 전진前秦의 부견苻堅(338~385)을 격파한 것은, 사현이 잘한 것이 아니고 부견이 잘못한 것입니다."

태종이 시종하는 신하를 돌아보면서 《진서晉書》 〈사현전謝玄傳〉을 검토하여 살펴보게 하고서 물었다.

"부견의 어느 부분이 잘못된 것인가?"

이정이 대답하였다.

"신이 《진서》 〈재기載記〉의 부견 편을 읽어보니, '진秦나라의 제군이 모두 궤멸하여 패하였고, 오직 모용수慕容垂(326~396)의 군대만 홀로 온전하였다. 부견이 천여 명의 기마병을 거느리고 모용수에게 달려갔는데, 모용수의 아들 모용보慕容寶(355~398)가 모용수에게 부견을 죽이라고 권하였으나 결행하지 않았다.'라고 하였습니다. 여기에서 진나라 군대가 혼란할 적에 모용수의 군대만 온전했음을 알 수 있으니, 이는 부견이 모용수의 함정에 빠진 것이 분명합니다. 남의 함정에 빠지고서 적을 이기고자 하면 어렵지 않겠습니까. 그러므로 신은 '부견의 부류가 바로 계책이 없는 경우에 해당한다.'라고 말하는 것입니다."

태종이 말하였다.

"《손자》에 이르기를 '승산이 많은 자는 승산이 적은 자를 이긴다.' 하였으므로, 승산이 적은 자가 승산이 없는 자를 이김을 알 수 있으니, 모든 일이 다 그러하다."

태종이 물었다.

"황제黃帝의 병법을 세상에서 전하기를 '악기문握奇文'이라 하는데, 혹 '악기문握機文'이라고도 함은 어째서인가?"

이정이 대답하였다.

"기奇의 음이 기機와 같기 때문에 혹 전하여 기機로도 쓰니, 그 뜻은 똑같습니다. 그 글을 살펴보면, '4가 정正이 되고 4가 기奇가 되고 남은 것이 악기握機가 된다.' 하였으며, 기奇는 남은 수인데 이 음을 따라 기機로 쓴 것입니다.

어리석은 신은 생각하건대 군대는 기모機謀(기지機智와 책모策謀) 아닌 것이 없으니, 어찌 잡는다고 말할 것이 있겠습니까. 기奇는 마땅히 남는 군대(餘奇)가 되는 것이 옳습니다. 정병은 군주에게서 받은 것이고, 기병은 장수가 직접 출동시킨 것입니다. 병법에 이르기를 '명령이 평소에 행해져서 백성(병사)을 가르치는 자는 백성들이 복종한다.' 하였으니, 이는 군주에게서 받은 정병이요, 또 이르기를 '군대는 미리 말하지 않고, 군주의 명령도 받지 않는 경우가 있다.' 하였으니, 이는 장수가 직접 출동시킨 기병입니다.

무릇 장수가 정병만 있고 기병이 없으면 수비하는 장수이고, 기병만 있고 정병이 없으면 싸우는 장수이니, 기병과 정병을 모두 얻는 자는 국가를 보필하는 신하입니다. 이 때문에 '악기握機'와 '악기握奇'는 본래 두 방법이 없고, 배우는 자가 겸하여 통달함에 달려 있을 뿐입니다."

태종이 물었다.

"진陣의 수가 아홉 가지인데 밖에는 4정四正과 4기四奇가 있고, 중심에 남은 곳을 대장이 장악하여 4면面과 8향向이 모두 기준을 취한다. 진 사이에 진을 용납하고 부대 사이에 부대를 용납하며, 앞을 뒤로 만들고 뒤를 앞으로 만들어서, 나아갈 적에 속히 달려감이 없고 후퇴할 적에 빨리 도망함이 없어서, 네 개의 머리와 여덟 개의 꼬리가 닿는 곳이 머리가 되어 적이 그 중앙을 향하여 공격하면 양 머리가 모두 구원해서, 수가 다섯에서 시작되어 여덟에서 끝나니, 이것은 무엇을 말한 것인가?"

이정이 대답하였다.

"제갈량이 돌을 가지고 종횡으로 포진하여 여덟 줄을 만들었으니, 황제의 9군방진九軍方陣의 법이 바로 이 그림입니다. 신이 일찍이 병사들을 가르치고 사열할 적에 반드시 이 진법을 먼저 사용하였으니, 세상에서 전하는 악기문握機文은 그 대략을 얻은 것입니다."

태종이 물었다.

"천天·지地·풍風·운雲과 용龍·호虎·조鳥·사蛇의 팔진八陣은 어떠한 뜻인가?"

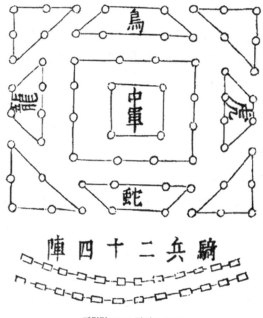

제갈량諸葛亮 팔진도八陣圖

이정이 말하였다.

"전한 자가 잘못 전한 것입니다. 옛사람들이 이 진법을 은밀히 숨겼기 때문에 허구로 여덟 가지 이름을 만들었을 뿐입니다. 팔진은 본래 하나인데 나누어 여덟 개를 만든 것입니다.

천天과 지地로 말하면 기旗의 이름에 근본하여 장수가 하늘의 높음과 땅의 두터움을 본받게 하였고, 풍風과 운雲은 번旛(깃발)의 이름에 근본하여 장수가 바람과 구름이 변화하는 것을 본받게 하였고, 용龍과 호虎, 조鳥와 사蛇는 대오의 분별에 근본하여 뛰어오름

(용龍), 위엄이 있고 용맹함(호虎), 빠름(조鳥), 밖을 막고 안을 막음 (사蛇)을 취한 것인데, 후세에 잘못 전해진 것입니다. 속여서 물상物 象을 만들기로 말하면 어찌 이 여덟 가지에만 그칠 뿐이겠습니까."

태종이 말하였다.

"수가 다섯에서 시작되어 여덟에서 끝남은 천·지·풍·운과 용· 호·조·사의 상을 만든 것이 아니요 실로 옛 진법이니, 경은 한번 말해보라."

이정이 대답하였다.

"신이 살펴보건대, 황제黃帝가 처음으로 16정井을 1구丘로 하고 900무畝를 1정井으로 하는 전제田制인 구정丘井의 법을 확립하고 이 를 바탕으로 군대를 만들었습니다. 그러므로 정井은 네 길로 나누 어서 여덟 집이 거처하게 한 것이니, 그 모습이 정자井字이고 개방 開方(정사각형)이 아홉입니다. 이 중에 전후좌우와 중앙의 다섯은 진법이 되고 귀퉁이 넷은 공한지空閒地가 되었으니, 이것이 이른바 '수가 다섯에서 시작되었다.'는 것입니다.

그 가운데를 비워 대장이 거처하고, 전후좌우와 네 모퉁이를 빙 둘러 여러 부대가 연결하여 둘러싸 팔진이 되니, 이것이 이른바 '여덟에서 끝난다.'는 것입니다.

기와 정을 변화시켜 적을 제압하는 것에 이르면, 어지럽고 어지 러워서 혼란하게 싸우나 법이 혼란하지 않고, 뒤섞이고 뒤섞여서 형체가 둥글지만 형세가 흩어지지 않으니, 이것이 이른바 '흩어지 면 여덟 개의 작은 진이 되고 다시 돌아오면 하나의 큰 진이 된다.'

는 것입니다."

태종이 물었다.

"심오하도다. 황제가 병법을 만듦이여. 후세에 비록 하늘의 지혜와 신묘한 지략이 있더라도 그 범위를 벗어날 수가 없으니, 이 뒤로는 누가 이것을 계승하였는가?"

이정이 대답하였다.

"주周나라가 처음 일어날 적에 태공太公이 실로 그 법을 닦았으니, 기도岐都에서 시작하여 정무井畝의 제도를 세워서 전차戰車 300량과 호랑이처럼 용감한 군사 300명으로 군제軍制를 세우고, 6보와 7보, 6벌伐과 7벌로 전투하는 방법*을 가르쳐서 목야牧野에 군대를 펼쳤습니다. 태공은 100명의 장사로 군대를 만들어서 무공을 이루어 4만 5천 명을 가지고 주왕紂王의 70만 군대를 이겼습니다.

주周나라의 《사마법司馬法》은 태공에게서 근본한 것입니다. 태공이 별세하자, 제齊나라 사람들이 그가 남긴 법을 얻었습니다. 환공桓公에 이르러 천하에 패자가 되고 관중管仲을 등용하여 다시 태공의 병법을 닦아서 이것을 '절제節制의 군대'라 일렀으니, 제후들이 모두 복종하였습니다."

태종이 말하였다.

"유자儒者들은 대부분 '관중은 패자의 신하일 뿐이다.'라고 말하

---

* 6보와……방법 : 주周나라 무왕武王이 은殷나라 주왕紂王을 토벌하면서 병사들에게, 전투가 6보와 7보를 넘지 않도록 하여 가볍게 전진함을 금하고, 적을 6번~7번 이상 찌르지 못하게 하여 죽음을 탐하지 않도록 경계한 일을 가리킨다. 《서경書經》〈주서周書 목서牧誓〉에 보인다.

관중管仲

니, 이는 병법이 바로 왕자王者의 제도에서 근본함을 전혀 알지 못한 것이다. 제갈량은 왕자를 보좌할 만한 재주가 있었는데, 스스로 관중과 악의樂毅에 자신을 견주었으니, 이로써 관중 또한 왕자를 보좌할 만한 인물임을 알 수 있는 것이다. 다만 주나라가 쇠하여 당시 왕이 등용하지 못했기 때문에 제나라를 빌려 군대를 일으켰을 뿐이다.”

이정이 재배하고 말하였다.

“폐하께서 신성神聖하셔서 사람을 이처럼 알아보시니, 늙은 신이 비록 죽더라도 옛 현인에게 부끄러움이 없습니다. 신이 관중이 제나라를 통제한 방법을 말씀드리겠습니다. 제나라를 3등분하여 삼군으로 만들었는데, 다섯 집을 궤軌로 만들었기 때문에 다섯 사람을 오伍로 삼았고, 10궤를 리里로 만들었기 때문에 50명을 소융小戎으로 삼았고, 4리를 련連으로 만들었기 때문에 200명을 졸卒로 삼았고, 10련을 향鄕으로 만들었기 때문에 2,000명을 려旅로 삼았고, 5향을 1사師로 만들었기 때문에 1만 명을 군軍으로 삼았습니다. 《사마법》에 1사師는 5려旅이고 1려旅는 5졸卒인 뜻과도 같으니, 그 실제는 모두 태공이 남긴 법을 얻은 것입니다.”

태종이 물었다.

"《사마법》을 사람들이 모두 '사마양저司馬穰苴가 저술한 것이다.' 라고 하니, 맞는가?"

이정이 대답하였다.

"《사기史記》의 〈사마양저열전司馬穰苴列傳〉을 살펴보면 '제 경공齊 景公 때에 양저가 용병을 잘하여 연燕나라와 진晉나라의 군대를 패 퇴시키자, 경공이 승진시켜 사마司馬의 벼슬을 시켰다. 이 때문에 사마양저라 칭하였고, 자손들이 이 관명을 씨氏로 삼아 사마씨라 고 불렀다.' 하였습니다.

제 위왕齊威王 때에 이르러 옛 사마법을 추론追論하고 또 사마양 저가 배운 것을 기술하여 마침내 《사마양저》라는 책 수십 편이 있 게 되었으니, 지금 세상에 전하는 병가자兵家者의 유류流이고, 또 권 모權謀 · 형세形勢 · 음양陰陽 · 기교技巧의 네 종류로 나누었으니, 이는 모두 《사마법》에서 나온 것입니다."

태종이 물었다.

"한漢나라 장량張良(B.C. 250경~B.C. 186경)과 한신韓信(미상~B.C. 196)이 병법을 차례로 나열한 것이 모두 182가家이다. 산삭刪削하 고 중요한 것만 취하여 35가를 저술하였는데, 지금 실전失傳된 것 은 어째서인가?"

이정이 말하였다.

"장량이 배운 것은 태공의 《육도六韜》와 《삼략三略》이고, 한신 이 배운 것은 《사마양저》와 《손무자》입니다. 그러나 대체는 3문

장량張良

한신韓信

門과 4종種에 벗어나지 않을 뿐입니다."

태종이 물었다.

"무엇을 3문이라 하는가?"

이정이 대답하였다.

"신이 살펴보니, 태공모太公謀 81편은 이른바 음모陰謀라는 것으로, 말로는 그 뜻을 다 나타낼 수가 없습니다. 태공언太公言 71편은 병법으로는 그 신묘함을 다 알 수가 없습니다. 태공병太公兵 85편은 사람의 재주로는 그 방도를 다 알 수가 없습니다. 이 세 가지가 3문입니다."

태종이 물었다.

"무엇을 4종이라 하는가?"

이정이 대답하였다.

"한나라 임굉任宏이 논한 것이 이것입니다. 무릇 병가류兵家流는 권모(계책을 먼저 세운 뒤에 싸움), 형세(변화무궁하고 신속함), 음양(천시에 순응하고 귀신의 힘을 빌림), 기교(손과 발의 놀림을 익히고 병기를 편리하게 운용함)가 있으니,

이것이 4종입니다."

태종이 물었다.

"《사마법》에 봄 사냥과 겨울 사냥을 맨 앞에 놓은 것은 어째서 인가?"

이정이 대답하였다.

"철을 순히 따르되 신神으로써 요약한 것이니, 그 일을 소중히 여긴 것입니다.

《주례周禮》에는 사냥을 정사의 가장 큰 일로 삼아서 성왕成王은 기양岐陽에서 사냥했고, 강왕康王(미상~B.C. 996)은 풍궁酆宮에서 조 회하였으며, 목왕穆王은 도산塗山에서 모임을 열었으니, 이것은 천 자의 일입니다.

주나라가 쇠하여 사냥하는 예禮 또한 폐해지자, 제 환공齊桓公은 소릉召陵의 군대를 만들었고, 진 문공晉文公(B.C. 697~B.C. 628)은 천 토踐土의 회맹會盟을 맺었으니, 이는 제후가 천자의 일을 받들어 행 한 것입니다.

그 실제는 《사마법》의 아홉 가지 정벌하는 법을 사용하여 명령 을 받들지 않는 자들에게 위엄을 보인 것인데, 조회라는 이름을 빌리고 순수巡狩를 따르고 갑병甲兵으로 가르쳤습니다. 일이 없을 때에는 군대를 함부로 동원하지 않고 반드시 농한기에 하였으니, 무비武備를 잊지 않음을 말한 것입니다. 그러므로 봄에 사냥하는 것과 겨울에 사냥하는 것을 맨 앞에 말하였으니, 그 뜻이 깊지 않 습니까."

태종이 이정에게 물었다.

"춘추시대에 초왕楚王의 이광二廣의 법에 이르기를 '백관이 상징하는 물건(깃발)을 만들어 행동해서 군정軍政이 경계하지 않고도 갖추어졌다.' 하였으니, 이 또한 주나라 제도를 얻은 것인가?"

이정이 말하였다.

"《춘추좌씨전春秋左氏傳》을 살펴보건대, '초자楚子가 승광乘廣(춘추시대 초왕楚王이 거느렸던 전차) 30승乘을 사용하였으니, 광廣에는 1졸卒이 있고 졸에는 2편偏(15승)이 있다.' 하였는데, 군대가 행군할 적에 우군右軍은 멍에를 끼고 전투에 대비하여 멍에를 법으로 삼았습니다. 그러므로 멍에를 끼고 싸웠으니, 이것은 모두 주나라의 제도입니다.

신은 생각하건대, 100명을 졸卒이라 하고 50명을 양兩이라 하니, 이는 전차 1승乘마다 병사 150명을 사용한 것이니, 주나라 제도에 비하여 약간 많을 뿐입니다. 주나라는 전차 1승에 보졸步卒이 72명이고 갑사甲士가 3명이니, 25명을 1갑으로 삼아서 모두 3갑이면, 총계 75명이 됩니다. 초나라는 산과 늪이 많은 나라여서 수레가 적고 사람이 많으므로 나누어 세 부대를 만들었으니, 실제로는 주나라 제도와 같습니다."

태종이 물었다.

"춘추시대에 순오荀吳(미상~B.C. 519)가 북적北狄을 공격할 적에 수레를 부수어 항렬을 만들었으니, 이는 정병인가? 기병인가?"

이정이 대답하였다.

"순오는 전차의 법을 사용했을 뿐입니다. 비록 전차를 버렸으나, 전투하는 법이 그 안에 들어있습니다. 하나는 좌각左角이 되고 하나는 우각右角이 되고 하나는 선봉이 되어서 나누어 3대隊가 되었습니다. 이것은 전차 1승의 법이니, 1천 승과 1만 승이 모두 그렇습니다.

신이 조조의 《신서新書》를 살펴보니, 이르기를 '공거攻車 1승에는 75명이 배속되는데, 전거 1대에 좌각左角과 우각右角 2대로 편성하며, 수거守車(예비 공거) 1승에 편성된 1대는 취사병 10명, 장비를 지키는 사람 5명, 소와 말을 기르는 자 5명, 땔감을 채취하거나 물을 길어오는 자 5명으로 모두 25명이 배속되니, '공거攻車와 수거守車 2승이면 모두 100명이 소요된다. 10만 명의 군대를 일으키면 중거重車 1,000승과 경거輕車 2,000승을 사용한다.' 하였으니, 이는 대체로 순오의 옛 법입니다.

또 살펴보건대, 한漢·위魏시대의 군제는 전차 다섯 대를 1대로 삼아서 복야僕射 1명을 두고, 전차 열 대를 사師로 삼아서 수장率長 1명을 두었다. 대체로 전차 1,000승이면 장교가 두 사람인데, 전차가 아무리 많아도 정正·부副 두 사람을 두어 통제하는 법에 의거하였습니다.

신이 지금의 법을 가지고 참고하여 사용하면, 도탕跳盪은 기마병이고, 전봉대戰鋒隊는 보병과 기마병이 반반씩이고, 주대駐隊는 전차를 겸하여 출동하는 것입니다.

신이 서쪽으로 돌궐突厥을 토벌할 적에 험한 땅 수천 리를 지나

갔는데, 이 제도를 감히 바꾼 적이 없었으니, 옛 법의 절제하는 군대여서 참으로 소중히 여길 만합니다."

태종이 영주靈州에 갔다가 돌아와서 이정을 불러 자리를 주어 앉게 하고 말하였다.

"짐朕이 이도종李道宗(602~653)과 아사나사이阿史那社爾(604~655) 등에게 명하여 설연타薛延陀를 토벌하게 하였는데, 철륵鐵勒의 여러 부족들이 중국의 관리를 배치해줄 것을 청하므로, 짐이 그 요청을 모두 들어주었다. 설연타가 서쪽으로 도망하니, 후환이 될까 염려되므로 이적李勣(이세적李世勣, 594~669)을 보내어 토벌하게 하였는데, 지금 북쪽 변방이 모두 평정되었다. 그러나 여러 부족의 번병番兵(이민족 출신의 병사)이 한병漢兵과 함께 뒤섞여 있으니, 무슨 방도로써 오랫동안 둘 다 안전하게 할 수 있겠는가?"

이정이 대답하였다.

"폐하께서 칙명을 내려 돌궐로부터 회흘回紇(위구르)의 부락에 이르기까지 모두 66곳의 역사驛舍를 설치하여 척후병을 왕래하게 하셨으니, 이것은 참으로 좋은 계책입니다. 그러나 어리석은 신의 생각에는 한병漢兵의 수자리 사는 병사들은 마땅히 따로 한 법을 만들어 훈련시키고, 오랑캐 부락의 병사들은 또 마땅히 한 법을 만들어 가르치고 익히기를 각각 달리해서 뒤섞이지 말게 하다가, 혹 적이 쳐들어오면 은밀히 주장에게 명하여 때에 따라 칭호를 바꾸고 복장을 바꾸어 기병을 출동시켜 공격하여야 합니다."

태종이 물었다.

"이것은 무슨 방법인가?"

이정이 대답하였다.

"이것은 병법에 이른바 '여러 가지 방략으로 적을 오판하게 한다.'는 방법입니다. 번병番兵이면서 한병인 것처럼 보이고 한병이면서 번병인 것처럼 보여서, 저들이 번番·한漢의 분별을 알지 못하면, 우리의 공격하고 수비하는 계책을 헤아리지 못할 것입니다. 용병을 잘하는 자는 먼저 상대가 헤아릴 수 없는 형세를 만드니, 이렇게 하면 적이 공격해야 할 바를 오판하게 됩니다."

태종이 말하였다.

"참으로 짐의 뜻에 부합하니, 경은 은밀히 변방의 장수들에게 가르치되, 다만 이 번병과 한병을 이용하면 곧 기奇·정正의 법을 알게 될 것이다."

이정이 재배하고 말하였다.

"성상聖上의 사려思慮는 하늘이 내신 것이어서 하나를 들으면 열을 아시니, 신이 어찌 그 말을 다하겠습니까."

태종이 말하였다.

"제갈량이 말하기를 '절제가 있는 군대는 무능한 장수가 통솔하더라도 패하게 할 수 없고, 절제가 없는 군대는 유능한 장수가 통솔하더라도 승리할 수 없다.' 하였으니, 짐은 이 말이 극치의 의논이 아니라고 의심한다."

이정이 대답하였다.

"제갈량은 무절제한 군대에 격동한 바가 있어서 이렇게 말한 것입니다. 신이 살펴보건대, 《손자》에 '가르치고 익힘이 분명하지 못하고 관리와 병사들이 일정하게 맡은 직책이 없으며, 종과 횡으로 제멋대로 군대를 진열한 것을 혼란한 군대라고 한다.' 하였으니, 예로부터 군대를 혼란하게 만들어 적에게 승리를 안겨준 것을 이루 다 기록할 수가 없습니다.

가르치고 익힘이 분명하지 못하다는 것은 가르치고 사열함에 옛 법이 없음을 말한 것이요, 관리와 병사들이 일정한 직책이 없다는 것은 장수의 권세와 임무를 오래 맡기지 않는 것이요, 군대를 혼란하게 만들어 적에게 승리를 안겨준다는 것은 자기가 스스로 궤멸하여 흩어진 것이지 적이 이긴 것이 아님을 말한 것입니다. 이 때문에 제갈량이 말하기를 '병사들이 통제가 있으면 비록 용렬한 장수가 통솔하더라도 패하지 않고, 만약 병사들이 스스로 혼란하면 아무리 훌륭한 장수가 통솔하더라도 위태롭다.'라고 한 것이니, 또 어찌 의심할 것이 있겠습니까."

태종이 말하였다.

"병사들을 가르치고 사열하는 법을 참으로 소홀히 할 수 없다."

이정이 대답하였다.

"병사들의 교육과 훈련이 올바른 방도를 얻으면 병사들이 기꺼이 전쟁에 쓰이고, 교육과 훈련이 올바른 방법을 얻지 못하면 비록 아침에 독려하고 저녁에 책망하더라도 싸우는 일에 유익함이 없습니다. 신이 이 때문에 옛 제도에 연연하여 모두 책으로 엮어 그리려 하니, 이는 통제가 있는 군대를 이루려고 해서입니다."

태종이 말하였다.

"경은 나를 위하여 옛 진법 중에 좋은 것을 가려서 모두 그려 올리도록 하라."

태종이 물었다.

"번병은 오직 굳센 말을 치달려 충돌하니 이것은 기병인가? 한병은 궁노弓弩를 사용하여 적과 싸우니 이것은 정병인가?"

이정이 말하였다.

"《손자》를 살펴보면, '용병을 잘하는 자는 기세(형세)에서 구하고 능하지 못한 사람에게 책하지 않는다. 그러므로 능히 사람을 가려 쓰고 기세에 맡긴다.' 하였으니, 이른바 사람을 가려 쓴다는 것은 각각 번병과 한병의 장점을 따라 싸우게 하는 것입니다.

번병은 기마전에 뛰어나니 기마전은 속전속결에 유리하고, 한병은 궁노弓弩로 싸우는 데에 뛰어나니 궁노로 싸우는 것은 지구전에 유리한 바, 이는 자연히 각각 그 형세에 맡기는 것입니다. 그러나 기병과 정병으로 나눌 수 있는 것이 아닙니다. 신이 일찍이 말씀드린 '번병과 한병을 반드시 칭호를 바꾸고 복장을 바꿔야 한다.'는 것은 기병과 정병을 상생相生하는 방법이니, 기마병에도 정병이 있고 궁노에도 기병이 있습니다. 어찌 일정함이 있겠습니까."

태종이 말하였다.

"경은 좀 더 자세히 그 전술을 말하라."

이정이 말하였다.

"우선 우리 군대를 드러내 보여서 적으로 하여금 이에 따라 대응하게 하는 것이 바로 그 전술입니다."

태종이 물었다.

"근일에 거란契丹과 해족奚族의 부락이 모두 귀순하여 예속되었으므로, 송막松漠과 요락饒樂의 두 도독부都督府를 설치하여 안북도호부安北都護府*에서 이를 통제하도록 하고, 짐이 설만철薛萬徹(미상~652)을 등용하려 하는데, 어떠한가?"

이정이 대답하였다.

"설만철은 아사나사이와 집실사력執失思力·계필하력契苾何力(미상~677)만 못하니, 이들(아사나사이 등)은 모두 번족 출신의 신하 중에 병법을 잘 아는 자들입니다. 신이 일찍이 이들과 더불어 송막과 요락의 산천과 도로, 번족의 정세(민심)의 반역과 순종, 그리고 멀리는 서역西域의 부락 십수 종족에 대하여 이야기를 나누었는데, 하나하나 모두 믿을 만하였습니다. 신이 이들에게 진법을 가르치면 언제나 머리를 끄덕이고 그 깊은 뜻에 탄복하지 않음이 없었습니다. 바라옵건대, 폐하께서는 의심치 말고 이들을 임용하소서. 설만철로 말하면 용맹하기는 하나 지모가 없으니, 단독으로 임무

* 안북도호부安北都護府 : 도독부都督府와 도호부都護府는 당唐나라 때에 점령지 지배를 위해 설치한 기관으로 도독부는 도호부의 통제를 받았다. 모두 여섯 도호부가 있었는데, 안북도호부는 계단과 해족 및 북쪽 몽고고원의 돌궐족과 철륵鐵勒 등의 여러 부족을 통할하는 일을 맡았다.

를 감당하기는 어렵습니다."

　태종이 웃으면서 말하였다.

　"번족의 병사들이 모두 경을 위해 열심히 일하고 있다. 옛사람이 이르기를 '오랑캐로써 오랑캐를 공격함은 중국의 형세이다.'라고 하였으니, 경이 이를 터득하였도다."

중권中卷

태종이 말하였다.

"짐이 여러 병서를 살펴보니 《손무자》를 벗어날 것이 없고, 《손무자》 13편은 허虛·실實을 벗어남이 없으니, 용병에 허·실의 형세를 알면 이기지 못함이 없을 것이다.

지금 장수들 중에는 다만 실한 곳을 방비하고 허한 곳을 공격한다고 말하나, 적군을 맞아 허·실을 아는 자가 드문 것은 적을 오게 하지 못하고 도리어 적에게 끌려가기 때문이다. 어떤가? 경은 여러 장수들을 위하여 그 긴요함을 모두 말하라."

이정이 대답하였다.

"먼저 기병奇兵과 정병正兵을 서로 바꾸는 방법을 가르친 뒤에 허·실의 형세를 말해주는 것이 옳으니, 여러 장수들은 대부분 기병을 정병으로 만들고 정병을 기병으로 만들 줄을 모릅니다. 그러니 또 어찌 허가 바로 실이고 실이 바로 허임을 알겠습니까."

태종이 물었다.

"'계책하여 득得·실失의 계산을 알고, 격동시켜 동動·정靜의 이치를 알고, 형체를 드러내어 죽고 사는 땅을 알고, 다투어 유여有餘하고 부족한 곳을 안다.' 하였으니, 이는 기병과 정병이 나에게 있고, 허와 실이 적에게 있는 것인가?"

이정이 대답하였다.

"기병과 정병은 적의 허와 실을 나타나게 하는 것입니다. 적이 실하면 우리가 반드시 정병으로 대응하고, 적이 허하면 우리가 반드시 기병으로 대응하여야 하니, 장수가 만일 기병과 정병을 알지 못한다면, 비록 적의 허·실을 안다 한들 어찌 적을 오게 할 수 있겠습니까. 신은 명령을 받듦에 다만 여러 장수들에게 기병과 정병을 가르칠 뿐이니, 이렇게 한 뒤에는 허와 실을 스스로 알게 될 것입니다."

태종이 말하였다.

"'기병을 정병으로 만든다.'는 것은 적이 우리를 기병이라고 생각하면 우리가 정병으로 공격하는 것이고, '정병을 기병으로 만든다.'는 것은 적이 우리를 정병이라고 생각하면 우리가 기병으로 공격하는 것으로, 적의 형세가 항상 허하고 우리의 형세가 항상 실하게 하는 것이니, 마땅히 이 방법을 여러 장수들에게 가르쳐주어서 쉽게 알도록 해야 할 것이다."

이정이 대답하였다.

"병서의 수많은 장절章節과 수많은 글귀는 모두 적을 오게 하고 적에게 끌려가지 않는 것이니, 신은 마땅히 이것을 여러 장수들에게 가르치겠습니다."

태종이 물었다.

"짐이 요지도독瑤池都督을 설치하여 안서도호부安西都護府*에 예

* 안서도호부安西都護府 : 안서도호부安西都護府는 640년에 여섯 도호부都護府

속시켰는데, 번番·한漢의 군대를 어떻게 조처해야 하는가?"

이정이 대답하였다.

"하늘이 사람을 낼 적에 본래 번·한의 분별이 없었습니다. 그러나 오랑캐들은 땅이 멀고 황폐한 사막이어서 반드시 활을 쏘아 사냥하는 것으로 살아갑니다. 이 때문에 항상 전투를 익히니, 만약 우리가 은혜와 신의로 오랑캐들을 어루만지고 옷과 밥을 주어 구휼하면 모두 한인漢人이 될 것입니다.

폐하께서 이 안서도호부를 설치하셨으니, 신은 청컨대 수자리 사는 한병들을 거두어 내지에 거주시켜 한병들의 군량 수송하는 일을 줄여야 하니, 이는 병가에 이른바 '힘을 다스리는 방법'이란 것입니다. 다만 한병 중에 번족의 실정에 익숙한 자를 가려서 이들을 여러 곳에 배치하여 보장堡障(성 밖에 지은 작은 요새)을 지키게 하면 충분히 오래갈 수 있고, 혹 변경에 위급한 경보가 있으면 한병들을 출동시키는 것입니다."

태종이 물었다.

"손자가 말한 '힘을 다스린다.'는 것은 어떻게 하는 것인가?"

이정이 대답하였다.

"가까운 군대로써 멀리서 온 적을 상대하고, 편안한 군대로써

중 최초로 설치한 도호부이다. 처음에 서주西州에 설치하였으나 658년에 쿠차로 옮겼다. 타림 분지뿐만 아니라 서西 투르키스탄까지 그 관할 아래에 두었으나, 안사安史의 난 이후 점차 쇠퇴하여 787년경부터 토번吐藩에게 빼앗겼다.

수고로운 적을 상대하고, 배부른 군대로써 굶주린 적을 상대한다
는 것은 그 대략을 간략히 말했을 뿐입니다.

용병을 잘하는 자는 이 세 가지 뜻을 미루어 여섯 가지를 갖추
니, 유인술로 끌려오는 적을 상대하고, 고요함으로 시끄러운 적을
상대하고, 신중함으로 경솔한 적을 상대하고, 엄격함으로 해이한
적을 상대하고, 다스려짐으로 혼란한 적을 상대하고, 완벽한 수비
로 적의 공격을 상대하는 것입니다. 이와 반대로 하면 힘이 미치
지 못하여 힘을 다스리는 방법이 아니니, 어떻게 적의 군대와 마
주하여 싸울 수 있겠습니까."

태종이 말하였다.

"지금 사람들 중에 《손자》를 익히는 자들은 다만 빈 글을 외울
뿐이요 그 뜻을 미루어 넓히는 자가 적으니, 힘을 다스리는 방법
을 마땅히 여러 장수들에게 두루 말해주라."

태종이 물었다.

"옛 장수와 늙은 병사들이 거의 노쇠하여 다 없어지고 새로 설
치한 여러 군대들은 적진을 마주하여 전투한 경험이 없으니, 지금
병사들을 가르침에 무슨 방도를 요점으로 삼아야 하는가?"

이정이 대답하였다.

"신이 항상 병사들을 가르칠 적에 나누어 세 등급을 만들되, 반
드시 먼저 오법伍法(대오 결성의 법)을 결성하게 하고, 오법이 이루
어지고 나면 군교軍校에게 가르쳐주었으니, 이것이 한 등급입니다.

군교의 법은 1오伍를 10오로 만들고 10오를 100오로 만드는 것이니, 이것이 한 등급입니다.

이것을 비장裨將에게 가르쳐주면 비장이 여러 군교의 소속 부대를 총괄하여 모아서 진도陣圖를 만드니, 이것이 한 등급입니다.

대장이 이 세 등급의 가르침을 살펴서 이에 크게 열병하여 제도를 상고하고 기奇·정正을 분별하여 병사들과 맹세하고 벌을 시행하거든, 폐하께서 높은 곳에 임하시어 관찰하시면 베푸시는 곳마다 잘못됨이 없을 것입니다."

태종이 물었다.

"오법伍法은 몇 가家가 있으며, 어느 것이 요긴한가?"

이정이 대답하였다.

"신이 《춘추좌씨전》을 살펴보니, 이르기를 '편偏(전차)을 먼저하고 오伍(보병)를 뒤에 하였다.' 하였고, 또 《사마법》에 이르기를 '5명을 오로 만든다.' 하였고, 《울료자》에 〈속오령束伍令〉이 있고, 한漢나라 제도에 군령과 군공을 기록하는 장부인 척적尺籍과 대오가 서로 보증하는 신표인 오부伍符가 있었는데, 후세에 부적符籍을 종이로 만들었습니다. 이에 그 제도를 잃게 되었습니다.

신이 이 법을 참작하여 5명을 25명으로 바꾸고, 25명을 75명으로 바꾸었으니, 이는 보병 72명에 갑사甲士 3명인 제도입니다.

수레를 버리고 기마병을 쓰면 보병 25명이 여덟 필의 기마를 상대하니, 이는 다섯 가지 병기가 다섯 명을 당해내는 제도입니다.

이는 제가의 병법에 오직 오법이 중요하니, 작게 나열하면 5명이고 크게 나열하면 25명이며, 3배로 나열하면 75명이 됩니다. 또 그 수를 5배로 하여 375명을 얻으니, 300명은 정병이 되고 60명은 기병이 됩니다. 나머지 15명은 전차 한 대마다 갑사가 3명이니 전차 5대에 모두 15명이 필요합니다. 이는 150명을 나누어 두 정병을 만들고 30명을 나누어 두 기병을 만드니, 좌우가 똑같습니다. 사마양저가 이른바 '다섯 사람이 오가 되고 열 사람이 대가 된다.'는 것이니, 지금까지도 이 제도를 인습하고 있는 바, 이것이 그 요점입니다."

태종이 물었다.

"짐이 이적(이세적)과 병법을 논할 적에 대부분 경의 말과 같았으나, 이적은 출전出典을 구명하지 않았을 뿐이다. 경이 만든 육화진법六花陣法은 어느 방법에서 나온 것인가?"

이정이 대답하였다.

"신의 진법은 제갈량의 팔진법에 근본한 것입니다. 큰 진이 작은 진을 포함하고 큰 영營이 작은 영을 포함하여 귀퉁이가 서로 연결되고 곡절이 상대하니, 옛 제도가 이와 같습니다.

신이 진도陣圖를 만들 적에 이것을 따랐습니다. 그러므로 밖에 그린 것은 네모지고 안에 있는 고리의 모양은 둥글어서 이것이 여섯 잎의 꽃이 되니, 세속에서 육화진이라고 칭하는 것입니다."

태종이 물었다.

"안은 둥글고 밖은 네모지게 하는 것은 무엇을 말하는 것인가?"

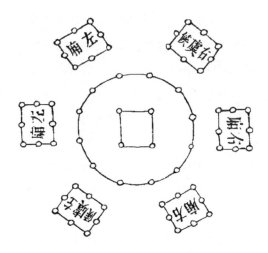

이정李靖의 육화진六花陣

이정이 대답하였다.

"네모진 것은 보법步法에서 생겨났고 둥근 것은 기奇에서 생겨났으니, 네모진 것은 곡척曲尺으로 그 걸음을 네모지게 하고, 둥근 것은 그 둥글게 돎을 연결하는 것입니다. 이 때문에 걸음의 수는 네모진 땅에서 정해지고 항렬의 연결은 둥근 하늘에 응합니다. 보법이 정해지고 항렬의 연결이 가지런해지면 변화가 어지럽지 않아서 팔진이면서 육진이 되니, 이는 제갈량의 옛 법입니다."

태종이 말하였다.

"네모지게 그려서 보법을 나타내고 둥글게 점을 찍어서 병기를 나타낸다. 보법은 걸어가는 법을 가르치고 병기는 손으로 놀리는 법을 가르쳐서 손과 발이 편리하면 일이 이미 절반은 이루어진 것이다."

이정이 말하였다.

"오기吳起가 이르기를 '끊어져도 완전히 단절되지 않고 퇴각하여도 흩어지지 않는다.' 하였으니, 이것이 보법입니다. 병사들을 교련함은 바둑판에 바둑알을 펼쳐놓는 것과 같으니, 만약 그은 줄이 없으면 바둑알을 어디에 놓겠습니까.

손자가 말하기를 '땅은 도度를 낳고 도는 량量을 낳고 량은 수數를 낳고 수는 칭稱(저울)을 낳고 칭은 승리를 낳으니, 승리하는 군대는 900g의 일鎰로써 9g의 수銖를 다는 것과 같고, 패배하는 군대는 수銖로써 일鎰을 다는 것과 같다.' 하였으니, 이는 모두 도와 량, 방과 원에서 생긴 것입니다."

태종이 말하였다.

"심오하다. 손무의 말이여! 장수가 전투할 장소의 멀고 가까움과 넓고 좁음을 헤아리지 않는다면, 어떻게 그 절도를 만들 수 있겠는가."

이정이 말하였다.

"용렬한 장수는 절도를 아는 자가 적습니다. 전투를 잘하는 자는 그 기세가 험하고 그 절도가 짧아서, 기세는 줄을 가득 당겨놓은 쇠뇌와 같고 절도는 발동하는 기아機牙와 같습니다.

신이 손무의 방법을 연구하여 대隊를 세울 적에는 거리가 각각 10보씩 되게 하고, 대를 머물러 있게 할 적에는 사대師隊와의 거리가 20보쯤 되게 하여, 매양 한 부대 걸러 한 전대戰隊를 세웁니다.

전진할 적에는 50보를 절도로 삼으며, 첫 번째 나팔 소리에 여러 부대가 모두 흩어져 서되 10보 안을 지나지 않으며, 네 번째 나팔 소리에 병사들이 창鎗을 잡고 꿇어앉습니다. 이에 북을 치면 병사들이 세 번 함성을 지르고 세 번 공격하며, 30보에서 50보에 이르러 적의 변화에 따라 대응합니다.

기마병은 등 뒤에서 나오되 또한 50보로 그때마다 절제에 따라 멈춰 서서 앞에는 정병을 배치하고 뒤에는 기병을 배치하여 적이 어떻게 대응하는가를 관찰하고, 다시 북을 치면 앞에는 기병을 배치하고 뒤에는 정병을 배치하여 다시 공격해 오는 적을 맞이해서 빈틈을 타 적의 허술한 곳을 무찌르니, 이 육화진이 대략 모두 이와 같습니다."

태종이 물었다.

"조조의 《신서》에 이르기를 '진을 만들어 적을 상대할 적에 반드시 먼저 표表(표시기둥)를 세운 다음 군대를 이끌고 표에 나아가 진을 치되, 한 부대가 적의 공격을 받는데도 남은 부대 중에 나아가 구원하지 않은 자는 모두 참형에 처한다.' 하였으니, 이것은 무슨 방법인가?"

이정이 대답하였다.

"적을 대하여 표를 세우는 것은 잘못이니, 이것은 다만 전투를 가르칠 때일 뿐입니다. 옛사람 중에 용병을 잘한 자는 정병을 사용하는 법만을 가르쳤습니다. 기병을 사용하는 법은 가르치지 아니하여, 무리를 몰고 가기를 마치 양떼를 몰 듯해서 더불어 나아가고 더불어 후퇴하되, 병사들로 하여금 가는 곳을 알지 못하게 하였습니다. 조조는 교만하고 남을 이기기 좋아하였으니, 당시 여러 장수들 중에 《신서》를 받들어 읽는 자들이 감히 그 단점을 비판하지 못하였습니다. 또 적을 마주하고서 표를 세우는 것은 너무 늦은 것이 아니겠습니까.

신이 폐하께서 만든 파진악破陣樂의 춤을 삼가 살펴보니, 전면에는 사표四表로 나오고 뒤에는 팔번八旛(여덟 개의 깃발)으로 엮어서 춤추는 사람이 좌와 우로 꺾어 돌아 징소리와 북소리에 따라 종종걸음으로 달려가되 각각 그 절차가 있었으니, 이는 바로 팔진도의 머리가 넷이고 꼬리가 여덟인 제도입니다. 세상 사람들은 다만 음악과 춤의 성대함만 볼 뿐이니, 어찌 군대의 모습이 이와 같이 성대함을 아는 자가 있겠습니까."

태종이 말하였다.

"옛날에 한漢나라 고제高帝(유방劉邦, B.C. 256~B.C. 195)가 천하를 평정하고 〈대풍가大風歌〉라는 노래를 지어 '어이하면 용맹한 장사를 얻어 사방을 지킬까.' 하였으니, 이는 인재를 등용하여

한 고조漢高祖

무비武備를 닦을 것을 생각한 것이다. 병법은 마음으로 전수할 수는 있으나, 말로는 전수할 수가 없다. 짐이 파진악破陣樂의 춤을 만들었는데, 오직 경만이 그 깊은 뜻을 깨달았으니, 후세에서는 내가 구차하게 만들지 않았음을 알 것이다."

태종이 물었다.

"오방색五方色의 오기五旗가 정병이 되는가? 번旛(깃발)과 휘麾로 절충하는 것이 기奇가 되는가? 군대를 분산하고 모아 변화를 줌에 부대의 수는 어떻게 해야 마땅함을 얻는가?"

이정이 대답하였다.

"신이 옛 병법을 참고해보니, 무릇 세 부대가 합쳐지면 깃발이 서로 기대기만 하고 교차하지 않으며, 다섯 부대가 합쳐지면 두 깃발이 교차하고, 열 부대가 합쳐지면 다섯 깃발이 교차합니다.

나팔을 불어 다섯 개를 교차한 깃발을 풀게 하면 한 부대가 다시 흩어져 열 개의 부대가 되고, 두 개를 교차한 깃발을 풀게 하면 한 부대가 다시 흩어져 다섯 부대가 되고, 서로 기대기만 하고 교차하지 않은 깃발을 풀게 하면 한 부대가 다시 흩어져 세 부대가 됩니다.

군대는 흩어져 있으면 합치는 것을 기병으로 삼고, 합쳐져 있으면 흩어지는 것을 기병으로 삼습니다. 세 번 명령하고 다섯 번 거듭하여 병사들로 하여금 세 번 해산하고 세 번 합쳐서 다시 정병으로 돌아오게 합니다. 이렇게 해야 네 머리와 여덟 꼬리의 진법을 비로소 가르칠 수 있으니, 이는 부대의 법에 마땅한 것입니다."

태종이 좋은 말이라고 칭찬하였다.

태종이 물었다.

"조조의 《신서》에는 전기戰騎와 함기陷騎와 유기遊騎가 있었으니, 지금 마군馬軍(기마부대)은 어느 것에 견줄 수 있는가?"

이정이 대답하였다.

"신이 《신서》를 살펴보니, 이르기를 '전기가 앞에 있고 함기가 중앙에 있고 유기가 뒤에 있다.' 하였으니, 이와 같다면, 마군을 각각 명칭을 세워 나누어서 세 종류로 만든 것일 뿐입니다.

대체로 기마부대의 기마 8필은 거도車徒(전차에 소속된 보병) 24명을 당하고 24명의 기마병은 거도 72명을 당하니, 이것은 옛 제도입니다.

거도는 항상 정병의 전술을 가르치고 기마 부대는 항상 기병의 전술을 가르치니, 조조의 글에 근거하면 '앞뒤와 중앙을 나누어 삼복三覆(세 개의 매복)을 만든다.'라고만 말하고, 양상兩廂(좌우 양 측면)을 말하지 않은 것은 한 가지만을 들어 말한 것입니다. 후인들은 삼복의 뜻을 깨닫지 못하여 전기를 반드시 앞에 두니, 이렇게 하면 함기와 유기를 어떻게 사용할 수 있겠습니까. 신이 이 방법을 익숙히 사용하여 군대를 돌리고 진을 돌릴 적에는, 유기가 앞을 담당하고 전기가 뒤를 담당하고 함기는 변화에 대응하여 나누었으니, 이는 모두 조조의 방법입니다."

태종이 웃으며 말하였다.

"수많은 사람들이 조조에게 미혹되었구나."

태종이 말하였다.

"전차병과 보병과 기마병 세 가지는 똑같은 방법이니, 이것을 사용함이 사람에게 달려있는가?"

이정이 대답하였다.

"신이 《춘추》를 살펴봄에 정 장공鄭莊公(B.C. 757~B.C. 701)의 어리진魚麗陣은 편偏(전차)을 앞에 두고 오伍(보병)를 뒤에 두었습니다. 이는 전차와 보병으로, 기마병이 없어서 좌거左拒와 우거右拒라 말하였으니, 이는 적을 막을 뿐 기이한 계책을 내어 승리를 쟁취하려는 것은 아님을 말한 것입니다."

진晉나라 순오荀吳가 북쪽의 오랑캐를 정벌할 적에 전차를 버리고 항오를 만들었으니, 이는 기마병이 많은 것을 편리하게 여긴 것입니다. 적의 공격을 막아낼 뿐만이 아니라 기이한 계책을 내어 승리하기를 힘쓴 것입니다.

신이 그 방법을 고르게 사용하여 말 1필로 보병 3명을 당하고 전차병과 보병을 이에 걸맞게 배치하여 뒤섞어 한 방법을 만들어 운용함이 사람에게 달려있게 하였으니, 이렇게 하면 적이 어찌 우리의 전차가 과연 어디에서 나오고, 기마병이 과연 어디에서 나오고, 보병이 과연 어디에서 나올 줄을 알겠습니까.

혹은 깊은 땅속에 잠겨있는 것처럼 고요하고 혹은 하늘에서 출동하듯 하여 신묘하고 측량할 수 없는 지혜는 오직 폐하께서 소유하고 계시니, 신이 어찌 이것을 알겠습니까.”

태종이 물었다.

“태공의 병서에 ‘땅의 넓이가 600보 혹은 60보에 12진辰(방위)의 표를 세운다.’ 하였으니, 그 방법은 어떻게 하는 것인가?”

이정이 대답하였다.

“땅을 사방 1,200보로 그어놓으니, 이는 개방開方의 형체(정사각형)입니다. 매 부대마다 네모진 220보의 땅을 점거하여, 가로로 5보에 한 사람을 세우고 세로로 4보에 한 사람을 세우면 모두 2,500명이 됩니다. 이것을 동과 서, 남과 북, 중앙의 다섯 방위로 나누어서 빈 땅의 네 곳에 머물게 하니, 이른바 ‘진陣 사이에 진을 용납한다.’는 것입니다.

무왕武王이 주왕紂王을 정벌할 적에 호분虎賁(천부장千夫長)이라는 용사가 각각 3천 명을 관장하였고, 매 진마다 6천 명씩이어서 모두 3만 명의 무리였으니, 이것은 태공이 땅을 그은 방법입니다.”

태종이 물었다.

“경의 육화진六花陣은 땅을 얼마만큼 그어 만드는가?”

이정이 대답하였다.

“크게 사열할 적에는 땅의 넓이가 1,200보이니, 그 내용은 육진六陣입니다. 진마다 각각 400보의 땅을 점령하여 나누어 동쪽과 서쪽 두 상廂을 만들고, 빈 땅 1,200보를 전투를 가르치는 장소로 삼습니다. 신이 일찍이 3만 명의 병사를 가르칠 적에 매 진마다

5천 명을 배치하고 그중 한 진은 진영을 설치하는 방법으로 삼았습니다. 그리고 나머지 다섯 진은 방진方陣·원진圓陣·곡진曲陣·직진直陣·예진銳陣의 형태로 만들어서 매 진마다 5번 변화하여 모두 25번 변화하고 그쳤습니다."

태종이 물었다.

"오행진五行陣은 어떠한 것인가?"

이정이 대답하였다.

"본래 오방五方의 색깔을 따라서 이름을 지었으니, 방진·원진·곡진·직진·예진은 실로 지형을 따라 만든 것입니다. 모든 군대가 이 다섯 가지를 평소 익히지 않으면 어떻게 이를 사용하여 적을 상대할 수 있겠습니까. 군대는 속임수를 쓰므로 억지로 오행진이라 이름하고, 술수에 상생相生하고 상극相剋하는 의의義로 문식하였습니다. 그 실제 군대의 진형陣形은 물을 본받아 지형에 따라 진의 모습을 만드는 것이니, 이것이 바로 그 요지입니다."

태종이 물었다.

"이적(이세적)이 빈牝(암컷으로 음)과 무牡(수컷으로 양), 방진方陣과 원진圓陣, 복병伏兵을 말하였는데, 병법에 예전에도 이러한 법이 있었는가?"

이정이 대답하였다.

"빈·무의 진법은 세속에서 전하는 말에서 나왔으니, 그 실제는 음과 양 두 가지 뜻이 있을 뿐입니다.

신이 살펴보건대, 범려范蠡가 이르기를 '뒤에는 음을 쓰고 앞에는 양을 쓰며, 적의 양절陽節(양기)이 다하게 하고 우리의 음절陰節(음기)을 가득 채워 빼앗는다.' 하였으니, 이는 병가의 음과 양의 묘리입니다.

범려는 또 말하기를 '오른쪽을 만드는 것을 빈이라 하고 왼쪽을 더하는 것을 무라 한다.' 하였으니, 이른 아침(양)과 저물녘(음)에 천도를 순히 따르는 것이니, 이는 왼쪽과 오른쪽, 이른 아침과 저물녘이 때에 따라 똑같지 않아서, 기병과 정병의 변화에 달려있는 것입니다.

왼쪽과 오른쪽은 사람의 양과 음이요, 이른 아침과 저물녘은 하늘의 양과 음이요, 기병과 정병은 하늘과 사람이 서로 변하는 음과 양입니다. 만약 고집하고 변화하지 않으면 음과 양이 모두 버려지니, 어떻게 빈·무의 형체만을 지킬 뿐이겠습니까.

그러므로 형체를 드러낼 경우에는 기병으로 적에게 보여주니 우리의 정병이 아니요, 적을 공격하여 승리하려 할 경우에는 정병으로 적을 공격하니 우리의 기병이 아닙니다. 이것을 일러 기병과 정병이 서로 변통한다고 하는 것입니다.

산골짝뿐만 아니라 풀숲과 나무숲에 군대를 매복하는 것도 복병이 됩니다.

정병은 산처럼 동요하지 않고 기병은 우레처럼 신속해서, 적이 비록 얼굴을 맞대고 있더라도 우리의 기병과 정병이 어디에 있는지를 헤아리지 못하게 되니, 여기에 이른다면 어찌 형체가 있겠습니까."

태종이 물었다.

"용龍·호虎·조鳥·사蛇 네 짐승의 진을 또 상商·우羽·치徵·각角의 네 음音으로 형상하는 것은 무슨 방도인가?"

이정이 대답하였다.

"속이는 방도입니다."

태종이 물었다.

"이것을 폐지할 수 있는가?"

이정이 대답하였다.

"이것을 보존함으로써 이것을 폐지할 수 있으니, 만약 폐지하고 쓰지 않으면 속임수가 더욱 심해질 것입니다."

태종이 물었다.

"무슨 말인가?"

이정이 대답하였다.

"용·호·조·사 네 짐승의 진과 천天·지地·풍風·운雲의 이름을 빌리고 또 상商에는 금金, 우羽에는 수水, 치徵에는 화火, 각角에는 목木을 배합하였으니, 이는 모두 예로부터 병가들이 속이는 방법입니다. 이것을 보존하면 남은 속임수를 다시 더하지 못할 것이요, 이것을 폐지하면 탐욕스런 자를 부리고 어리석은 자를 부리는 방법을 어떻게 베풀겠습니까."

태종이 한동안 있다가 말하였다.

"경은 이것을 숨겨서 밖에 누설하지 말라."

태종이 물었다.

"'형벌을 엄하게 하고 법을 준엄히 적용해서 병사들로 하여금 장수를 두려워하고 적을 두려워하지 않게 해야 한다.'는 말을 짐은 매우 의혹스럽게 생각한다. 옛날 광무제光武帝(B.C. 5~57)는 고립된 군대를 가지고 왕망王莽(B.C. 45~23)의 백만 군대를 상대하였는데, 장병들을 형법으로 대하지 않았으니, 이것은 어째서인가?"

이정이 대답하였다.

"병가의 승패는 사정과 형편이 만 가지로 달라서 한 가지 일로 추측할 수가 없습니다. 예컨대 진승陳勝(미상~B.C. 208)과 오광吳廣(미상~B.C. 208)이 진秦나라 군대를 패퇴시켰으니, 어찌 진승과 오광의 형벌이 진나라보다 더하였겠습니까. 광무제가 일어난 것은 왕망을 원망하는 백성들의 마음을 따른 것이요, 더구나 또 왕망의 장수인 왕심王尋(미상~23)과 왕읍王邑은 병법을 알지 못하고 오직 많은 병력을 과시할 뿐이었으니, 이 때문에 스스로 패한 것입니다.

신이 살펴보건대, 《손자》에 이르기를 '병사들이 아직 친하게 따르지 않는데 형벌을 시행하면 복종하지 않고, 이미 친하게 따르는데 형벌을 시행하지 않으면 쓸 수 없다.' 하였습니다. 이는 모든 장수에게 먼저 사랑하는 마음이 있어서 병사들과 마음이 화합한 뒤에야 형벌을 엄하게 시행할 수 있음을 말한 것이니, 만약 사랑하는 정을 가하지 않고 준엄한 법만을 적용한다면 성공하는 자가 적을 것입니다."

태종이 물었다.

"《상서尚書》에 이르기를 '위엄이 사랑을 이기면 진실로 성공하고, 사랑이 위엄을 이기면 진실로 성공하지 못한다.' 한 것은 무슨 말인가?"

이정이 대답하였다.

"사랑을 먼저 베풀고 위엄을 뒤에 베풀어야 하니, 이것을 반대로 해서는 안 됩니다. 만약 위엄을 먼저 베풀고 뒤에 사랑으로 구휼하면 일에 유익함이 없을 것입니다. 《상서》는 그 끝을 삼가고 경계한 것이요, 처음을 계책한 것이 아닙니다. 그러므로 《손자》의 법은 만대에 바뀔 수 없는 것입니다."

태종이 말하였다.

"경이 소선蕭銑(583~621)을 평정할 적에 여러 장수들은 모두 소선의 신하들의 집안을 적몰하여 사졸들에게 상으로 주려 하였으나, 경은 홀로 따르지 않으면서 말하기를 '괴통蒯通이 한漢나라 고조高祖에게 죽임을 당하지 않았다.' 하였는데, 얼마 후 강한江漢 지방이 귀순하였다. 짐은 이로 말미암아 생각해보니, 고인古人의 말에 '문文은 사람들을 따르게 하고 무武는 적을 두렵게 한다.' 한 것은 아마도 경을 두고 한 말일 것이다."

이정이 말하였다.

"한나라 광무제가 적미赤眉를 평정하고 적의 진영 가운데로 들어가서 서서히 걸어가자, 적들이 말하기를 '소왕蕭王(광무제)이 진심을 우리들의 뱃속에 채워준다.' 하였습니다. 이는 광무제가 적들이 본래 악한 짓을 하지 않을 줄을 먼저 헤아린 것이니, 어찌 미리 염려하지 않았겠습니까.

신이 지난번 돌궐을 토벌할 적에 번병蕃兵과 한병漢兵의 무리를 총동원하여 변방에서 천 리를 나갔으나, 일찍이 단 한 명도 양간揚干*처럼 모욕을 주거나 장가莊賈**처럼 참수한 적이 없었고, 다만 진정을 미루어 지극히 공정함을 보존할 뿐이었습니다. 폐하께서 잘못 들으시고 신을 차례를 뛰어넘는 지위에 발탁하셨으니, 문·무의 온전한 재주로 말하면 신이 어찌 감당하겠습니까."

태종이 물었다.

"옛날 당검唐儉(579~656)이 돌궐에 사신 가서 돌궐의 가한可汗을 회유하였는데, 경이 그 틈을 타 돌궐을 공격하여 패퇴시키자, 사람들은 '경이 당검을 사간死間(위험한 임무를 맡겨 적국에 보낸 첩자)으로 이용하였다.'라고 하였다. 짐은 지금까지도 이것이 의심스러우니, 어떠한가?"

이정이 재배하고 대답하였다.

"신이 당검과 어깨를 나란히 하여 군주를 섬겼는데, 저는 당검이 반드시 돌궐을 회유하여 복종시키지 못할 것이라 예상하였습니다. 그러므로 신이 이 틈을 타서 군대를 풀어 공격한 것이니, 큰

---

* 양간揚干 : 춘추시대 진왕晉王의 아우로 부장副將이 되어 위강魏絳을 따라 출전하였는데, 군대의 대오를 어지럽혔다가 위강으로부터 견책을 받고 자신의 마부가 대신 죽임을 당하는 모욕을 받았다.
** 장가莊賈 : 춘추시대 제 경공齊景公의 총신寵臣으로 사마양저司馬穰苴의 감군監軍이 되었는데, 군령軍令을 어겼다가 사마양저에게 참형을 당하였다.

환난을 제거한 것이요 작은 신의를 돌보지 않은 것입니다. 사람들은 당검이 사간으로 이용되었다고 말하는데, 이것은 신의 본심이 아닙니다.

　살펴보건대, 《손자》에 간첩을 사용하는 것이 가장 하책이었습니다. 신이 일찍이 그 끝에 논을 붙이기를 '물은 배를 띄우기도 하지만 배를 엎기도 하며, 간첩을 사용하여 성공하기도 하지만 혹은 간첩을 사용하여 패망하기도 한다.' 하였습니다. 만약 젊을 때부터 군주를 섬겨 조정에서 얼굴빛을 바로잡아 충성으로 절개를 다하고 신의로써 정성을 다한다면 비록 적에게 훌륭한 첩자가 있더라도 어찌 첩자를 이용하여 군신간을 이간질할 수 있겠습니까. 신이 돌궐에 사신 간 당검을 위해 작은 신의를 지키지 않고 돌궐을 공격한 일을 폐하께서 어찌 의심하십니까."

　태종이 말하였다.

　"참으로 옳다. '인의仁義가 아니면 간첩을 부릴 수 없다.' 하였으니, 이 어찌 소인이 할 수 있는 것이겠는가. 주공周公(미상~B.C. 1100경)은 대의大義로 친척도 돌아보지 않았는데 하물며 한갓 사신에게는 어떠하였겠는가. 그대가 돌궐을 공격한 것이 대의를 위해서였음이 분명하여 의심할 것이 없다."

　태종이 물었다.

　"군대는 주인이 되는 것을 귀하게 여기고 객이 되는 것을 귀하게 여기지 않으며, 속전속결速戰速決을 귀하게 여기고 지구전持久戰

을 귀하게 여기지 않음은 어째서인가?"

이정이 대답하였다.

"군대는 부득이하여 사용하는 것이니, 어찌 객이 되고 또 지구 전을 할 수 있겠습니까. 손자가 말하기를 '군량을 멀리 수송하면 백성들이 가난해진다.' 하였으니, 이는 객이 된 폐해입니다. 또 말 하기를 '군역을 두 번 장부에 올리지 않고 군량을 3년 동안 실어 가지 않는다.' 하였으니, 이는 지구전을 해서는 안 됨을 보인 것입 니다.

신이 주인과 객의 형세를 비교해서 헤아려보면 객을 바꾸어 주 인으로 만들고 주인을 바꾸어 객으로 만드는 방법이 있습니다."

태종이 물었다.

"무슨 말인가?"

이정이 대답하였다.

"적국에서 군량을 얻는 것은 객을 주인으로 바꾸는 방법이요, 배부른 적을 굶주리게 만들고 편안한 적을 수고롭게 만드는 것은 주인을 객으로 바꾸는 방법입니다.

그러므로 군대는 주인과 객, 지구전과 속전속결에 구애받지 않 고 오직 반드시 절도에 맞게 발동하여야 하니, 이것이 시의적절함 이 되는 것입니다."

태종이 물었다.

"옛사람 중에 이것을 실행한 자가 있는가?"

이정이 대답하였다.

"옛날 월越나라가 오吳나라를 칠 적에 좌·우 두 군대를 가지고 북을 울리며 진격하자, 오나라 사람들이 병력을 나누어 막았습니다. 이에 월나라에서는 중군中軍을 이끌고 은밀히 건너가 북을 치지 않고 습격하여 오나라 군대를 격파하였으니, 이는 객을 주인으로 바꾼 증거입니다.

후조後趙의 석륵石勒(274~333)이 희담姬澹과 싸울 적에 희담의 군대가 멀리서 오자, 석륵은 공장孔萇을 보내어 선봉으로 삼아서 희담의 군대를 맞아 공격하게 하였는데, 공장이 퇴각하자 희담이 추격하였습니다. 석륵이 이때 좌우에 매복시킨 복병을 풀어 희담의 군대를 협공하여 대파하였으니, 이는 수고로움을 편안함으로 바꾼 증거로, 옛사람 중에 이와 같이 한 자가 많습니다."

태종이 물었다.

질려鐵蒺藜

"철 질려鐵蒺藜(마름쇠)와 행마行馬(사람의 통행을 막는 나무로 만든 틀)를 태공이 만든 것이라 하는데, 참으로 그러한가?"

이정이 대답하였다.

"그렇습니다. 그러나 적을 막는 데에만 사용할 뿐입니다. 군대는 적을 방어하려고만 해서는 안 되고 적이 진영에서 나오도록 유인하여 공격하는 것이 중요합니다. 하지만 태공의 《육도六韜》에는 철질려와 행마를 수비하고 막는 도구로 말했을 뿐이니, 공격하고 싸우는 데에 사용하는 것이 아닙니다."

하권下卷

태종이 물었다.

"태공이 말하기를 '보병을 데리고 전차병, 기마병과 싸우는 자는 반드시 구묘丘墓(구릉이나 큰 묘소)와 험한 곳을 의지하라.' 하였고, 또 《손자》에는 '천극天隙(도로가 좁고 구덩이가 많은 곳)의 땅과 구묘와 옛 성터에 군대를 주둔해서는 안 된다.' 하였으니, 어떠한가?"

이정이 대답하였다.

"병력을 운용함은 마음이 전일專一함에 달려있고, 마음이 전일함은 요상한 일을 금하고 의심스러움을 제거하는 데에 달려있으니, 혹시라도 주장主將이 의심하고 꺼리는 바가 있으면 병사들의 마음이 흔들리고, 병사들의 마음이 흔들리면 적이 틈을 타고 옵니다.

진영을 안정시키고 땅을 점거하는 것은 사람의 일(전투)을 편리하게 하려는 것일 뿐이니, 시내와 우물과 움푹 파인 지역과 감옥 같고 그물 같은 곳은 사람의 일에 불편한 곳입니다.

그러므로 병가는 군대를 이끌고 이러한 곳을 피해서, 적이 우리를 덮칠 것에 대비해야 합니다.

구묘와 옛 성터 중에 매우 험한 곳이 아니면 우리가 얻어서 편리함으로 삼을 수 있으니, 어찌 꼭 떠나가야 하겠습니까. 태공이 말한 것은 병가의 지극히 중요한 것입니다."

태종이 말하였다.

"짐이 생각해보니, 병기兵器보다 더 심한 흉기는 없다. 군대를 운용할 적에 진실로 사람의 일에 편리하면, 어찌 의심하여 피하고 꺼릴 것이 있겠는가. 지금 이후로 여러 장수 중에 음·양의 설에 구애되어 일의 마땅함을 잃는 자가 있으면 경이 간곡히 경계하라."

이정이 재배하고 사례하였다.

"신이 살펴보니, 《울료자》에 이르기를 '황제黃帝가 덕으로 지키고 형벌로 정벌하였다.' 하였으니, 이것은 형벌과 덕을 말한 것이고, 천관天官의 시일時日, 음양의 길흉을 말한 것이 아닙니다.

그러나 속임수는 장병들에게 따르게만 하고 알게 해서는 안 되니, 후세의 용렬한 장수들은 음양의 술수에 집착합니다. 이 때문에 패하는 경우가 많으니, 경계하지 않으면 안 됩니다.

폐하의 성스러운 가르침을 신이 여러 장수들에게 자세히 말하겠습니다."

태종이 물었다.

"군대는 분산해야 하는 경우와 합쳐야 하는 경우가 있어서 각각 마땅함에 맞게 함을 귀하게 여기니, 전대의 사적事跡에 이것을 잘한 자가 누구였는가?"

이정이 대답하였다.

"부견苻堅이 백만의 병력을 통솔하고서도 비수淝水에서 패하였으니, 이는 군대를 합치기만 하고 분산시키지 못했기 때문이었습니다.

　후한後漢의 오한吳漢(미상~44)이 공손술公孫述(미상~36)을 토벌할 적에 부장副將 유상劉尚(미상~48)과 병력을 나누어 주둔해서 서로의 거리가 20리였습니다. 공손술이 와서 오한을 공격하자 유상이 출병하여 합동으로 공격해서 크게 격파하였으니, 이는 군대를 분산시켰다가 잘 합쳤기 때문이었습니다.

　태공이 말하기를 '분산해야 할 때에 분산하지 못하는 것을 얽매인 군대라 하고, 합쳐야 할 때에 합치지 못하는 것을 고립된 군대라 한다.' 하였습니다."

　태종이 말하였다.

　"참으로 옳다. 부견이 처음 왕맹王猛(325~375)을 얻었을 적에는 왕맹이 병법을 알아 마침내 중원을 점령하였는데, 왕맹이 죽자 부견이 과연 패하였으니, 이는 '얽매인 군대'를 말한 것이다.

　오한이 광무제光武帝의 위임을 받아 군대를 멀리 조정에서 통제하지 않았기 때문에 한漢나라가 과연 촉蜀의 공손술을 평정하였으니, 이는 '고립된 군대에 빠지지 않음'을 말한 것이다. 한나라 광무제와 전진前秦 부견의 잘잘못은 사적事績이 충분히 만대의 거울이 될 만하다."

　태종이 말하였다.

　"짐이 살펴보니, 병법의 수많은 장절章節과 수많은 구절이 모두 '여러 가지 방략으로 적이 오판하게 한다.'는 내용에서 벗어나지 않는다."

이정이 한동안 있다가 대답하였다.

"진실로 성상의 말씀과 같습니다. 대체로 군대를 운용할 적에 적이 만약 잘못하지 않는다면 우리 군대가 어떻게 승리할 수 있겠습니까. 비유하건대, 바둑을 둘 적에 두 적수의 형세가 대등하다가 한쪽에서 한 번 바둑알을 잘못 놓으면 끝내 구원할 수 없는 것과 같습니다. 고금의 승패가 대체로 한 번의 실수에 달려있을 뿐이니, 하물며 실수를 많이 하는 자에 있어서이겠습니까."

태종이 물었다.

"공격과 수비는 두 가지 일이나 그 실제는 한 방법일 것이다. 《손자》에 이르기를 '공격을 잘하는 자는 적이 수비할 방법을 알지 못하고, 수비를 잘하는 자는 적이 공격할 바를 알지 못한다.' 하였다. 그리하여 적이 와서 우리를 공격하면 우리 또한 공격하고, 우리가 만약 스스로 수비하면 적 또한 따라서 수비하는 것을 말하지 않았으니, 공격과 수비에 있어 피아의 세력이 대등하면 그 방법을 어떻게 해야 하는가?"

이정이 대답하였다.

"전대前代에 이와 같이 서로 공격하고 서로 수비한 경우가 많습니다. 사람들은 모두들 손자의 병법에 '수비할 경우에는 부족한 것처럼 위장하고 공격할 경우에는 유여한 것처럼 속인다.'라고 하였는데, 이것을 곧 부족한 것은 약하기 때문이고, 유여한 것은 강하기 때문이라고 생각하니, 이는 공격하고 수비하는 방법을 제대로 깨닫지 못한 것입니다.

신이 살펴보니, 《손자》에 '승리할 수 없는 경우에는 수비하고, 승리할 수 있는 경우에는 공격한다.' 하였으니, 부족한 것과 유여한 것은 적을 이길 수 없으면 우리가 우선 스스로 수비하다가 적을 이길 수 있는 기회가 오면 공격함을 말한 것이요, 강약을 가지고 말한 것이 아닙니다.

후세 사람들은 그 방법을 깨닫지 못하여, 마땅히 공격해야 할 경우에 수비하고 마땅히 수비해야 할 경우에 공격해서, 두 가지 일이 이미 다르기 때문에 그 법을 하나로 통일시키지 못합니다."

태종이 말하였다.

"진실로 옳다. 유여하다는 말과 부족하다는 말은 후인들로 하여금 힘의 강약인 것으로 의혹하게 하여, 수비하는 요점은 적에게 부족한 것처럼 보이는 데 달려있고 공격하는 요점은 적에게 유여한 것처럼 보이는 데 달려있음을 전혀 알지 못하게 하였다.

적에게 부족한 것처럼 보이면 적이 반드시 와서 공격할 것이니 이렇게 할 경우 적이 공격할 바를 알지 못하게 될 것이요, 적에게 유여한 것처럼 보이면 적이 반드시 수비할 것이니 이렇게 되면 적이 수비할 바를 알지 못하게 되는 것이다.

공격과 수비는 한 방법이나, 적과 우리가 나누어서 두 가지 일이 된 것이다. 우리 일이 잘되면 적의 일이 실패하고 적의 일이 잘되면 우리 일이 실패할 것이니, 득실과 성패에 피아의 일이 나누어진 것이요, 공격과 수비는 하나일 뿐이다.

공격과 수비가 하나임을 아는 자는 백 번 싸워 백 번 승리한다.

그러므로 이르기를 '자기를 알고 적을 알면 백 번 싸워도 위태롭지 않다.' 하였으니, 한 가지임을 앎을 말한 것이다."

이정이 재배하고 말하였다.

"심오합니다. 성인의 병법이여! 공격은 바로 수비의 기틀이고 수비는 공격의 계책이니, 똑같이 승리로 귀결될 뿐입니다.

만약 공격하면서 수비할 줄 모르고 수비하면서 공격할 줄 모르면, 그 일을 두 가지로 생각할 뿐만 아니요 또 그 관원을 두 가지로 하여, 비록 입으로는 《손자》와 《오자》의 병서를 외우더라도 마음으로는 묘함을 생각하지 못할 것이니, 공격과 수비는 두 가지가 아니라 한 방법이라는 말이 옳음을 어찌 알겠습니까."

태종이 물었다.

"《사마법》에 이르기를 '나라가 비록 크더라도 전쟁을 좋아하면 반드시 패망하고, 천하가 비록 평안하더라도 전쟁을 잊으면 반드시 위태롭다.' 하였으니, 이 또한 공격과 수비가 한 방법임을 말한 것인가?"

이정이 대답하였다.

"나라를 소유하고 집안을 소유한 자가 어찌 공격과 수비를 강구하지 않겠습니까. 공격이란 적의 성을 공격하고 적의 진영을 공격함에 그칠 뿐만이 아니요, 반드시 적의 마음을 공격하는 방법이 있어야 합니다. 수비는 다만 성벽을 완전히 하고 진영을 굳게 지킬 뿐만이 아니요, 반드시 자신의 기운을 지켜서 기다림이 있어야 합니다.

크게 말하면 군주가 된 도리이고 작게 말하면 장수가 된 방법이니, 마음을 공격하는 것은 이른바 적을 안다는 것이요, 자신의 기운을 지키는 것은 이른바 자기를 안다는 것입니다."

태종이 말하였다.

"참으로 옳다. 짐은 항상 적진을 대할 적에 먼저 적의 마음과 나의 마음 중 어느 쪽이 더 자세히 살피는가를 헤아린 뒤에 적을 알 수 있었고, 적의 기운과 나의 기운 중 어느 쪽이 더 잘 다스려졌는가를 살핀 뒤에 나를 알 수 있었다.

이 때문에 적을 알고 자신을 아는 것은 병가의 큰 요점이니, 지금 장수들이 비록 적을 알지 못하더라도 만일 자신을 잘 안다면 어찌 이로움을 잃는 자가 있겠는가?"

이정이 대답하였다.

"손무의 이른바 '적이 승리할 수 없게 미리 대비한다.'는 것은 자기를 아는 것이요, '적에게 승리할 수 있는 틈이 있기를 기다린다.'는 것은 적을 아는 것입니다. 또 '적이 승리할 수 없게 하는 대비함은 자신에게 있고, 승리할 수 있는 틈은 적에게 있게 한다.' 하였으니, 신은 잠시도 감히 이 경계를 잊지 않습니다."

태종이 물었다.

"《손자》에 이르기를 '적군의 기운을 빼앗는 방법이 있으니, 아침 기운은 예리하고 낮 기운은 태만하고 저녁 기운은 돌아가려 하므로, 용병을 잘하는 자는 적의 정예精銳로운 기운을 피하고, 나태

하여 돌아갈 때에 공격한다.' 하였으니, 어떠한가?"

이정이 대답하였다.

"생명을 간직하고 피를 가지고 있는 자들이 죽음을 돌아보지 않고 고무되어 싸우는 것은 기운이 그렇게 만드는 것입니다.

그러므로 용병하는 방법은 반드시 먼저 우리 병사들을 살펴보아서 우리가 승리할 수 있는 기운을 격동시켜야 비로소 적을 공격할 수 있습니다.

오기吳起의 사기四機* 중에 기기氣機를 최상으로 삼은 것은 다른 방도가 없습니다. 사람마다 스스로 싸우게 하면 그 예리한 기운을 당할 수가 없으니, 이른바 '아침 기운이 예리하다.'는 것은 시각을 제한하여 말한 것이 아니요, 하루의 처음과 끝을 들어 비유한 것입니다.

무릇 세 번 북을 쳤는데도 적의 기운이 쇠하지 않고 고갈되지 않았으면 어떻게 적으로 하여금 태만해지고 돌아갈 마음을 품게 하겠습니까.

병서를 배우는 자가 단지 빈껍데기 같은 글을 외워서 적에게 유인을 당하니, 만약 적의 기운을 빼앗는 이치를 깨닫는다면 군대를 맡겨 장수로 삼을 수 있습니다."

태종이 물었다.

---

* 사기四機 : 군대의 형세를 살피는 기기氣機, 지형의 요해처를 활용하는 지기地機, 첩자를 이용하여 적을 이간시키는 사기事機, 병기의 숙달한 운용과 병사들의 철저한 훈련인 역기力機로 《오자吳子》〈논장論將〉에 보인다.

"경이 일찍이 말하기를 '이적李勣이 병법에 능하다.' 하였는데, 오랫동안 등용하여 쓸 수 있겠는가? 그러나 짐이 제어하지 않으면 쓸 수가 없으니, 후일에 태자太子 이치李治(628~683)가 어떻게 제어해야 하겠는가?"

이정이 대답하였다.

"폐하를 위하여 계책을 생각해보건대, 이적을 내친 뒤 태자가 다시 등용하게 하시는 것이 가장 좋으니, 이렇게 하면 이적이 반드시 태자의 은혜에 감격하여 보답할 것을 도모할 것이요, 도리에도 잘못될 것이 있겠습니까."

태종이 대답하였다.

"좋다. 짐이 의심할 것이 없다."

태종이 물었다.

"이세적(이적)이 만약 장손무기長孫無忌(594~659)와 함께 국정을 관장하면 어떻겠는가?"

이정이 대답하였다.

"이세적의 충의심은 신이 보장할 수 있습니다. 다만 장손무기는 폐하께서 보위에 오르실 수 있도록 도운 큰 공을 세웠고 폐하의 친척으로 보상輔相의 직책을 맡고 있는데, 겉으로는 선비들에게 몸을 낮추나 내심은 실로 현자들을 미워합니다.

그러므로 위지경덕尉遲敬德(585~658)은 면전에서 그의 단점을 지적하고는 끝내 벼슬을 그만두고 물러났으며, 후군집侯君集(미상~643)은 그가 옛 정을 잊은 것을 원망스럽게 생각하여 역모를

범하였으니, 이는 모두 장손무기
가 그렇게 만든 것입니다. 폐하께
서 신에게 물으시니 신이 감히 그
말씀을 회피할 수가 없습니다."

태종이 말하였다.

"이 말을 누설하지 말라. 짐은
서서히 조처할 방법을 생각하겠다."

태종이 물었다.

"한 고조漢高祖가 장수를 잘 거
느렸으나, 그 뒤에 한신韓信과 팽
월彭越(미상~B.C. 196)이 죽임을 당
하였고 소하蕭何(B.C. 257~B.C. 193)가
하옥되었으니, 무슨 연고로 이와 같
이 되었는가?"

이정이 대답하였다.

"신이 보기에 유방劉邦과 항우項
羽(B.C. 232~B.C. 202)는 모두 장수
를 잘 거느린 군주가 아닙니다. 진
秦나라가 망할 때에 장량張良은 본
래 한韓나라를 위해서 원수를 갚으
려 하였고, 진평陳平(미상~B.C. 178)과

소하蕭何

항우項羽

한신은 모두 초楚나라가 자기를 등용하지 않은 것을 원망하였기 때문에 한漢나라의 형세를 빌려서 스스로 떨쳐 일어났을 뿐입니다.

소하와 조참曹參(미상~B.C. 190), 번쾌樊噲(B.C. 242~B.C. 189)와 관영灌嬰(B.C. 250~B.C. 176)의 경우는 모두 딴 나라에서 망명해 왔는데, 고조가 이들을 이용하여 천하를 얻었습니다. 가령 육국六國의 후손들이 다시 제후로 세워져서 사람들마다 각기 옛 나라를 생각했더라면, 비록 고조가 장수를 잘 거느리는 재주가 있다 한들 어찌 이들이 한漢나라에 쓰여졌겠습니까.

신이 생각하건대, 한나라가 천하를 얻은 것은 장량이 젓가락을 빌려 설명한 계책과 소하가 군량과 군사를 잘 보급한 공 때문이라고 여겨집니다.

이것을 가지고 말하면, 한신과 팽월이 죽임을 당하고 항우의 모사謀士인 범증范增(B.C. 277~B.C. 204)이 쓰이지 못한 것은 그 일이 똑같습니다. 그러므로 신은 생각하기를, '유방과 항우는 모두 장수를 잘 거느리는 군주가 아니라고 여기는 것'입니다."

태종이 물었다.

"광무제가 중흥할 적에 공신들을 보전하여 관리의 일을 맡기지 않았으니, 이는 장수를 잘 거느린 것인가?"

이정이 대답하였다.

"광무제가 비록 전인前人이 이루어놓은 업적을 빌려서 쉽게 성공하였으나, 왕망王莽의 형세가 항우에게 뒤지지 않았고 등우鄧禹(2~58)와 구순寇恂(미상~36)은 소하와 조참보다 낫지 못했는데, 홀로 충심衷心을 미루고 유순한 도를 사용하여 다스려서 공신들을 보전하였으니, 한 고조보다 크게 낫습니다. 이것을 가지고 장수를 거느리는 방도를 논한다면, 신은 광무제가 잘했다고 생각합니다."

태종이 말하였다.

"옛날에 군주가 군대를 출동하고 장군을 임명할 적에는, 3일 동안 몸과 마음을 정결히 하고 장군에게 날이 위로 향한 도끼〔鉞〕를 주면서 말하기를 '이로부터 하늘에 이르기까지를 장군이 통제하라.' 하고, 또 날이 아래로 숙은 도끼〔斧〕를 주면서 말하기를 '이로부터 땅에 이르기까지를 장군이 통제하라.' 하였으며, 또다시 수레를 밀어주며 말하기를 '전진과 후퇴를 오직 때에 맞게 하라.' 하였다. 그리고 장군이 길을 떠나면 군중에서는 장군의 명령만 듣고 군주의 명령을 듣지 않았다.

짐은 생각하건대 이 예가 오랫동안 폐지되었으므로, 이제 경과 함께 장수를 파견하는 의례儀禮를 참작하여 다시 제정하고자 하니, 어떠한가?"

이정이 대답하였다.

"신이 엎드려 생각하건대, 성인이 장수를 파견하는 예를 제정할 적에 종묘에서 정성스레 몸과 마음을 정결히 하는 것은 신神에게 위엄을 빌리는 것이요, 부斧와 월鉞을 주고 또 그 수레를 밀어주는 것은 막중한 권세를 위임하는 것입니다.

지금 폐하께서 매번 군대를 출동할 때마다 반드시 공경들과 상의하시고 종묘에 고유告由(중대한 일을 치른 뒤에 그 내용을 사당이나 신명에게 고하는 일)한 뒤에 파견하시니, 이는 신의 위엄을 빌린 것이 지극한 것입니다. 그리고 매번 장수를 임명할 때마다 반드시 편의에 따라 종사하게 하시니, 이는 권력을 빌려줌이 막중한 것으로, 어찌 정성스레 몸과 마음을 정결히 하고 수레를 밀어주는 것과 다르겠습니까. 모두 옛날의 예에 부합하여 그 의리가 똑같으니, 굳이 참작하여 다시 제정할 것이 없습니다."

태종은 말하기를 "좋다." 하고, 마침내 측근에게 명하여 이 두 가지 일을 기록하여 후세의 법으로 삼게 하였다.

태종이 물었다.

"음양과 술수를 폐지해도 되는가?"

이정이 대답하였다.

"안 됩니다. 병兵(전쟁)은 속임수입니다. 음양과 술수에 가탁하면 탐욕스러운 자를 부리고 어리석은 자를 부릴 수 있으니, 이것을 폐지해서는 안 됩니다."

태종이 말하였다.

"경이 일찍이 말하기를 '명철한 장수는 천관天官의 시일時日을 따르지 않고 어두운 장수는 구애된다.' 하였으니, 폐지하는 것이 또한 마땅하다고 생각된다."

이정이 대답하였다.

"은殷나라의 주왕紂王은 갑자일甲子日에 주周나라와 싸워 망하였고 주나라의 무왕武王은 갑자일에 은나라와 싸워 흥하였으니, 천관의 시일은 갑자일이 똑같았으나, 은나라는 혼란하고 주나라는 다스려져서 흥하고 망한 것이 달라진 것입니다.

또 송 무제宋武帝(363~422)가 정벌하러 가면 나쁘다는 왕망일往亡日에 군대를 거느리고 출동하자, 군리軍吏가 '불가하다.' 하였으나, 무제가 말하기를 '내가 가면 저들이 망한다.' 하였는데 과연 승리하였으니, 이것을 가지고 말하면 폐지해도 됨이 분명합니다.

그러나 제齊나라의 전단田單은 연燕나라에게 포위되자, 한 사람을 명하여 신사神師(신명스러운 스승)로 삼아서 그에게 절하고 제사하였습니다. 신사가 '연나라를 격파할 수 있다.'라고 말하자, 전단은 이에 화우火牛를 가지고 출전하여 연나라 군대를 공격해서 대파시켰으니, 이는 병가의 속임수로, 천관의 시일도 또한 이와 같습니다."

화우火牛

태종이 말하였다.

"전단은 괴이한 신사에게 가탁하여 연나라를 격파하였고, 태공은 주역점을 치는 시초蓍草와 거북점을 치는 거북 껍질을 불태워버려 점을 치지 않고 주왕을 멸망시켰으니, 두 가지 일이 상반됨은 어째서인가?"

이정이 대답하였다.

"그 기지는 똑같으니, 전단은 역으로 취하고 태공은 순으로 행한 것입니다.

옛날 태공이 무왕을 보좌하여 목야牧野에 이르렀을 적에 천둥벼락과 소낙비를 만나 깃발과 북이 찢어지고 부서지자, 산의생散宜生이 점을 쳐서 길한 점괘를 얻은 뒤에 행군하고자 하였으니, 이것은 군중軍中이 의심하고 두려워하기 때문에 반드시 점에 가탁하여 신에게 물으려 한 것입니다.

그런데 태공은 이르기를 '시초는 썩은 풀이요 거북 껍질은 마른 뼈라서 굳이 물을 것이 못 되고, 또 신하로서 군주를 정벌하니 어찌 다시 행할 수 있겠는가.' 하였습니다. 그러나 신이 살펴보면, 산의생은 앞에서 기지를 내었고 태공은 뒤에서 기지를 이루었으니, 역과 순은 비록 다르나 그 이치는 똑같습니다.

신이 앞에서 말한 '술수를 폐지할 수 없다.'는 것은 그 기지를 싹트기 전에 보존한다는 것일 뿐, 성공함에 이르러서는 사람의 일을 다함에 달려있을 뿐입니다."

태종이 물었다.

"지금 장수 중에는 오직 이적李勣(이세적)과 이도종李道宗, 설만철薛萬徹 뿐인데, 친족인 이도종을 제외하고는 누가 크게 등용할 만한 인물인가?"

이정이 대답하였다.

"폐하께서 일찍이 말씀하시기를 '이적과 이도종은 용병하여 적과 싸울 적에 크게 승리하지도 않고 또한 크게 패하지도 않지만, 설만철은 만약 크게 승리하지 않으면 반드시 크게 패한다.' 하셨습니다.

어리석은 신이 성상의 말씀을 생각해보니, 크게 승리하기를 바라지 않고 또한 크게 패하지 않는 것은 절제가 있는 군대요, 혹은 크게 승리하고 혹은 크게 패하는 것은 요행으로 성공하는 자입니다. 그러므로 손무가 이르기를 '전투를 잘하는 자는 패하지 않을 땅에 서서 적이 패할 틈을 잃지 않는다.' 하였으니, 절제는 자신에게 달려 있는 것입니다."

태종이 물었다.

"두 진영이 서로 마주 대하고 있으면, 싸우지 않고자 하나 어찌 그럴 수 있겠는가?"

이정이 대답하였다.

"옛날 진晉나라 군대가 진秦나라를 공격하다가 양군이 서로 퇴각하였고, 《사마법》에 이르기를 '달아나는 적을 추격할 적에 멀리 추격하지 않고, 줄[綏]을 잡고 퇴각하는 적은 따라잡지 않는다.' 하였으니, 신이 생각하건대 '줄[綏]'은 말고삐의 끈입니다.

우리 군대가 이미 절제가 있고 적 또한 대오를 바르게 통제한다면, 어찌 감히 가볍게 싸울 수 있겠습니까. 그러므로 출전하였다가 양군이 함께 퇴각하는 경우가 있고, 적이 퇴각하여도 따라잡지 않는 경우가 있는 것이니, 각각 그 실패를 방비하는 것입니다.

손무가 이르기를 '당당한 적진을 공격하지 말고, 깃발이 바르고 정돈된 적군을 맞아 싸우지 말라.' 하였습니다. 만약 두 진영이 체제가 비슷하고 세력이 균등한데, 혹시라도 한번 경솔하게 행동하여 적에게 틈을 보인다면 크게 패전하는 것은 이치상 당연한 것입니다. 이 때문에 군대는 싸우지 않아야 할 경우가 있고 반드시 싸워야 할 경우가 있는 것이니, 싸우지 않는 것은 자신에게 있고 반드시 싸우는 것은 적에게 있습니다."

태종이 물었다.

"'싸우지 않는 것은 자신에게 있다.'는 것은 무슨 말인가?"

이정이 대답하였다.

"손무가 이르기를 '내가 싸우고 싶지 않으면 땅에 금만 긋고 수비하더라도 적이 우리와 싸우지 못하는 것은, 적이 공격하러 오는 것을 어긋나게 하기 때문이다.' 하였으니, 적에게 훌륭한 인물이 있으면, 서로 퇴각하는 사이에 도모할 수가 없습니다. 그러므로 '싸우지 않는 것은 자신에게 있다.'라고 한 것입니다.

'반드시 싸우는 것은 적에게 있다.'는 것은, 손무가 말하기를 '적을 잘 움직이게 하는 자는 모습을 드러내면 적이 반드시 따라와 공격하고, 이익을 주면 적이 반드시 이것을 취하여, 이익으로써 적을 움직이게 하고 근본으로써 적을 상대한다.' 하였으니, 적에게 훌륭한 인물이 없어서 우리의 허실을 알지 못하고 우리가 유인하는 대로 반드시 따라와서 싸우려 하면 우리가 그 틈을 타 격파할 수 있는 것입니다. 그러므로 말하기를 '반드시 싸우는 것은 적에게 있다.'라고 한 것입니다."

태종이 말하였다.

"심오하다. 절제節制를 잘하는 군대여! 그 방법을 얻으면 창성하고 그 방법을 잃으면 망하니, 경은 역대에 절제를 잘한 자들을 저술하고 그림도 함께 그려 올려라. 짐은 그중에 정미한 것을 가려서 후세에 남기겠다."

태종이 물었다.

"병법 중에는 무엇이 가장 심오한가?"

이정이 대답하였다.

"신이 일찍이 세 등급으로 나누어서 병법을 배우는 자들로 하여금 점진적으로 이르게 하였으니, 첫 번째는 도道이고, 두 번째는 천시天時와 지리地利이고, 세 번째는 장수와 법입니다.

도의 내용은 지극히 정밀하고 지극히 미묘하니, 《주역周易》에 이른바 '총명하고 예지睿智하고 신무神武해서 죽이지 않는다.'는 것이 이것입니다.

하늘에 대한 말은 음과 양이요, 땅에 대한 말은 지형의 험함과 평탄함입니다. 용병을 잘하는 자는 음으로써 양을 빼앗고 험함으로써 평탄함을 공격할 수 있으니, 《맹자孟子》에 이른바 '천시와 지리'라는 것이 이것입니다.

장수와 법의 내용은 사람에게 맡기고 장비(병기)를 편리하게 함에 달려있으니, 《삼략三略》에 이른바 '훌륭한 선비를 얻은 자는 창성한다.'는 것이요, 관중管仲이 이른바 '기구를 반드시 견고하고 예리하게 한다.'는 것이 이것입니다."

태종이 말하였다.

"참으로 옳다. 내가 생각하건대, 싸우지 않고 적을 굴복시키는 것이 상上이요, 백 번 싸워 백 번 승리하는 것이 중中이요, 해자를 깊이 파고 보루를 높이 쌓아 스스로 지키는 것이 하下이다. 이것을 가지고 비교하여 헤아려보면 손무가 지은 책 중에 이 세 가지 등급이 모두 갖춰져 있다."

이정이 대답하였다.

"그들이 지은 글을 보고 그들이 행한 사적을 살펴보면 또한 등급을 차별할 수 있습니다. 장량張良·범려范蠡·손무孫武와 같은 사람은 깨끗하게 높이 떠나가서 어디로 갔는지를 알지 못하니, 도를 아는 자가 아니면 어찌 이와 같이 할 수 있겠습니까.

악의樂毅·관중管仲·제갈량諸葛亮으로 말하면, 싸우면 반드시 승리하고 지키면 반드시 견고하였으니, 천시와 지리를 살핀 자가 아니면 어찌 이와 같이 할 수 있겠습니까.

그 다음은 왕맹王猛이 진秦나라를 보전한 것과 사안謝安(320~385)이 진晉나라를 지킨 것이니, 훌륭한 장수에게 맡기고 인재를 가려 등용하며 병기를 수선하고 완전하게 하여 스스로 견고히 지킨 자가 아니면 어찌 능히 이와 같을 수 있겠습니까.

그러므로 병학兵學을 익힐 때에는 반드시 먼저 하를 말미암아 중에 미치고, 중을 말미암아 상에 미치게 하면 점차적으로 심오하게 됩니다. 그렇지 않으면 빈 말을 남겨서 한갓 기억하고 외울 뿐이니 취할 것이 못 됩니다."

태종이 말하였다.

"도가道家에서 3대에 걸쳐 장수가 되기를 꺼리는 것은 병법을 함부로 전할 수 없어서이고 또한 전하지 않을 수도 없어서이니, 경은 부디 조심하라."

이정이 재배하고 나가서 자기의 병서를 모두 이적(이세적)에게 전해주었다.

전통문화연구회 도서목록

◆ 基礎漢文敎材 ◆

사자소학	성백효
추구·계몽편	〃
명심보감	〃
동몽선습·격몽요결	〃
주해천자문	〃

◆ 東洋古典國譯叢書 ◆

논어집주	성백효
맹자집주	〃
대학·중용집주	〃
시경집전 上·下	〃
서경집전 上·下	〃
주역전의 上·下	〃
소학집주	〃
고문진보 후집	〃
해동소학	〃
효경대의	정태현
황제내경소문·영추	홍원식

◆ 漢字漢文敎育叢書 ◆

한자교육新講	이응백 외
韓中한문연원	이응백
교양인을 위한 한자·한문	김기창
한자교육시험백과	김종혁
실용교양한문	이상진
한문과 교육과정 변천과	
내용 체계 연구	원용석
한문과 교수·학습 모형	김재영
한자 자원 교육론	한은수
한자한문교육논총 上·下	정우상

◆ 敎授用 指導書 ◆

사자소학	함현찬
추구·계몽편	〃
격몽요결	〃
주해천자문	이충구
명심보감	이명수
동몽선습	전호근

◆ 東洋古典譯註叢書 ◆

춘추좌씨전1~8	정태현
장자1~4	안병주·전호근·김형석
고문진보 전집	성백효
예기집설대전1	신승운
심경부주	성백효
근사록집해1~3	성백효
통감절요1~9	성백효
당시삼백수1~3	송재소 외
동래박의1~2	정태현·김병애
설원1~2	허호구
안씨가훈1~2	정재서·노경희
대학연의1	신승운 외
순자집해1	송기채
정관정요집론1	이충구 외
당송팔대가문초	
한유1 정태현 구양수1~3 이상하	
왕안석1~2 신용호·허호구 소식1~5 성백효	
소철1~3 김동주 소순 이장우 외	
증공 송기채 유종원1~2 송기채	
무경칠서직해	
손무자직해·오자직해 성백효·이난수	
육도직해·삼략직해 성백효·이종덕	
울료자직해·이위공문대직해 성백효·이난수	
사마법직해 성백효·이난수	
십삼경주소	
논어주소1~3 정태현·이성민	
상서정의1 김동주	
주역정의1~2 성백효·신상후	
예기정의 중용·대학 이광호·전병수	
사정전훈의 자치통감강목1~3 신승운 외	

◆ 기 타 ◆

초등학교 漢字1~4단계	정우상 외
경전으로 본 세계종교	길희성 외
창세기 역주	방석종